# 駿河湾を味わう街。
# 沼津港 港八十三番地

JN118115

## 魚介にこころ踊る、港のイタリアン。

イタリアンマエストロの称号をもつ石崎幸雄シェフが監修する沼津港の新鮮な魚介を使用した本格的なイタリアンレストランです。リーズナブルなランチセットやアラカルトも人気。ガラス張りの窓から光が差し込む開放的なフロアやテラス席、2階には水槽が置かれた部屋もございます。

魚介まるごとアクアパッツァ 2,100円〜(税別) 漁港のペスカトーレ1,780円(税別)

### ランチメニューは、4種類から選べるパスタ

**ランチB**
2,000円(税別)

◆サラダ ◆本日のシェフおまかせ前菜 ◆2種類から選べるスープ ◆4種類から選べるパスタ ◆パンお替わり自由 ◆ドリンク

ランチA 1,600円(税別)、ランチC 2,500円(税別)、Chefsランチ 3,500円(税別)、アラカルトからもお選びいただけます。

## PORTUS
### Specialita pesce

Italian restaurant
PORTUS(ポルトゥス) tel.055-955-5991

営業時間／平日 11:30〜16:00(L.O.15:00)、17:00〜22:00(L.O.21:00)
土日祝 11:00〜22:00(L.O.21:00)
定休日／水曜日 ※繁忙期を除く 1/1・1月メンテナンス休業あり

沼津産アカザエビと赤エビのシーフードグリル サラダ仕立て 2,500円(税別)

---

## 浜焼きしんちゃん

創業107年の佐政水産の直営店です。沼津港で水揚げされた魚介類やサザエ、ホタテ、ハマグリ、駿河湾の深海魚をコンロで焼いてお召し上がりください!

とりあえず貝三種盛り 1,100円(税別)

tel.055-954-0605 営業時間／11:30〜22:00(L.O.21:00)、(土日祝11:00〜)
定休日／火曜日 ※繁忙期を除く※1月メンテナンス休業あり

## 海鮮丼 佐政

沼津港で水揚げされた新鮮魚介やミナミマグロなど、上質な素材をたっぷり盛り付けた海鮮丼をご用意しております。

上まぐろ丼 干物・味噌汁付
1,200円(税別)

tel.055-939-5333 営業時間／平日9:30〜17:00(L.O.16:00)、土日祝9:30〜20:00(L.O.19:00)
定休日／木曜日 ※繁忙期を除く※1月メンテナンス休業あり

---

## LOCO MARINO Coffee
ロコマリーノコーヒー

ジャパンバリスタチャンピオンシップ2017・2019優勝の石谷貴之氏がプロデュースする、バリスタスタイルのカフェです。2階にはテラス席やソファー席もあります。ラトレッタのパンのイートインもできます。

tel.055-955-5993 営業時間／11:00〜18:00(L.O.17:30)、土日祝 10:30〜18:00(L.O.17:30)
定休日／水曜日 ※繁忙期を除く 1/1・1月メンテナンス休業あり

## La torretta
ラ トレッタ

イタリアのダッラジョヴァンナ社の最高級小麦を使用したバケットやフォカッチャ、クロワッサン、食パンなどを工房一体型の店内で毎日手作りしています!

tel.055-955-5992 営業時間／11:00〜17:00
定休日／水曜日 ※繁忙期を除く 1/1・1月メンテナンス休業あり

---

"沼津港 港八十三番地"は10の飲食・物販店と沼津港深海水族館、ディープシーワールドからなる複合施設です。

回転寿司 活けいけ丸

沼津バーガー

親子カフェ ノーチラス Nautilus

## 駿河湾を味わう街。
[83] 港八十三番地

静岡県沼津市千本港町83番地
■定休日／無休 ※店舗により異なります
1月メンテナンス休業あり
■駐車場／港八十三番地駐車場51台(有料)
※飲食店ご利用の方、駐車場の割引サービスあり
※近隣駐車場500台あり(有料)

# contents

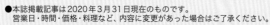

# 人気のランチ150軒

おいしいランチ、行きつけの店…。

これまで本誌へ掲載した店の中から、反響の大きかった

みんなが大好きな一軒を集めた一冊です。

[ アイコンについて ]

 Wi-Fiあり

キャッシュレス決済
（クレジットカード、Pay含む）

姫膳 1430円

篭の中に美しい小鉢で3〜4品彩られる女性好みの膳。揚げたての天ぷらや刺身など、温冷のバランスも良い。ご飯・デザートがセットになったお得な内容。メニューは週替わりで、旬の素材を生かした内容で提供する。

心割烹
**さわだ**

**LunchTime 11:30〜13:15LO**

浜松市中区　map ➡ P89 C-4

☎053-476-4966
浜松市中区富塚町1101-37
ディナー17：30〜21：30LO
カウンター4席、半個室6席、掘りごたつ
4席、テーブル座敷10席
日曜休※不定休あり
●Lunch info
ランチの価格帯は1430円〜3000円

四季の恵みを五感で味わう、和心あふれるおもてなし膳

旬の味覚をちょっとずつ、見た目にも美しい彩りで楽しみたい。そんな思いを満たしてくれる限定20食の「姫膳」は、大人の女性たちを中心に支持を受けている。「最高の状態で料理を味わって欲しい」と言う店主の澤田さんは、和食一筋30年以上。作り置きは一切せず、オーダーを受けてから調理を手掛け始めるのがポリシーだ。カウンター越しに見る店主の華麗な手さばきや、料理が仕上がる音や香りを五感で感じながら待つのも贅沢なひととき。お造りや天ぷらをメインとした膳など、味わい豊かな7種類のランチを用意している。

割烹

## TRE・PINI
トレ ピーニ

**LunchTime 11:30〜14:30LO**

浜松市中区 map ➡ P89 C-6

☎053-454-4088
浜松市中区鴨江2-51-16
9:30〜18:00LO
※モーニング〜11:00
テーブル20席、個室7席　無休　P20台
●Lunch info
ランチの価格帯は900円〜1500円。好きなメニューにサラダ&デザート&コーヒーセット＋600円あり。

**トレピーニランチ 1430円**
野菜たっぷりのハンバーグ、アボカド、フルーツサラダを組み合わせたワンプレート。ヘルシーながらもボリュームたっぷりだ。和風テイストの「ジンジャーチャーハン」990円（ミネストローネ付き）も人気。

老舗果物店「まつもとフルーツ」2階にあるパーラー。自家製ビーフストロガノフやチャーハンなど豊富なメニューから選べるランチはどれも、ミニフルーツとミニフレッシュジュースのサービスがうれしい。果物店ならではの贅沢な特製スイーツもランチと一緒にぜひ。自家製ワッフルに約10種類の季節の果物を添えた「フルーツワッフル」1188円がおすすめ。

季節のフルーツがたっぷりの特製ランチ&スイーツ

---

### cafe & bistro
## Maple cafe
メープル　カフェ

**LunchTime 10:00〜16:30LO**

浜松市中区 map ➡ P89 C-5

☎053-424-5505
浜松市中区広沢2-27-29
10:00〜17:00、
ディナー18:00〜23:00
※火曜は〜17:00
ソファ4席、テーブル16席
水曜、火曜ディナー休　P18台
クレジットカードはJCBとAMEXを除く
●Lunch info
ランチの価格帯は1320円〜1430円

**スモークサーモンとキノコの そば粉ガレット 1320円**
フランス・ブルターニュ地方の郷土料理「ガレット」。スモークサーモンを贅沢にのせている。外はカリッと中はモチモチの生地に、半熟卵をほぐして召し上がれ。「幸せのキャラメリゼパンケーキ」は1枚770円、2枚1100円。

ニューヨークスタイルがテーマのモデルハウス内に併設したカフェが、2019年12月にリニューアル。ビストロとして、夜メニューも充実させた。映画のワンシーンに出てくるような空間で味わえる人気のメニューは、ガレット料理やキャラメリゼパンケーキ。夜はこだわりのワインに牛肉やジビエ、野菜料理にスイーツなど、アラカルトを豊富にそろえている。

非日常空間で楽しむ彩り豊かなランチとパンケーキ

レストラン＆ケーキ
## カツヌマ

**LunchTime 11:30〜14:00LO**

浜松市北区　map ➡ P88 E-2

☎053-414-5220
浜松市北区初生町147-1
ディナー18:00〜20:00LO
ケーキテイクアウト11:00〜20:30
カウンター5席、テーブル30席
火曜、第1・3水曜休
P13台
●Lunch info
セットランチの価格帯は1000円〜3100円
昼夜共通の単品メニューは1300円〜
3100円

---

**ビーフシチュー 3100円**

40年以上愛される名物料理。ブランド牛「食通の静岡牛 葵」を赤ワインで1晩漬け込み、4〜5時間煮込んで仕上げる。「タンシチュー」2900円もあり、どちらも人気。「シュークリーム」（写真左）360円は、持ち帰りもできる。

「日替わりランチ」「洋風ランチ」「ステーキランチ」の3種類のランチはもちろん、同店へ訪れたらぜひ食べてほしいのは、昼夜共通メニューの「ビーフシチュー」と「シュークリーム」。口の中でほろほろと崩れるほど柔らかいビーフは、ほんのり酸味が効いた濃厚デミグラスソースで味わう。評判のシュークリームは、甘さ控えめに仕上げたカスタードクリームのミルク風味がたまらない。

ビーフシチュー＆シュークリームで幸せなランチを

---

「かけうどん」「ぶっかけうどん」「天ぷらうどん」などの定番メニューはもちろん、アイデアあふれる創作うどんが魅力の店。カルボナーラソースで仕立てたうどんが名物で、まるでパスタを味わっているよう。「カモネギブラック」や「担々麺鍋焼きうどん」といった変わり種メニューも人気だ。絹のように滑らかな麺は繊細で、強いコシも感じる独特の食感がやみつきになる。

絹のような滑らかさと強さをうどんに込めて

絹腰うどん
## 五十八
いそはち

**LunchTime 11:00〜14:00**

浜松市中区　map ➡ P89 C-1

☎080-1628-4129
浜松市中区葵西3-16-78
ディナー17:00〜20:30LO
カウンター6席、テーブル8席
木曜、第2・4火曜休　P5台
●Lunch info
日替わりランチ880円

**絹腰うどん カルボナーラ 980円**

人気No.1のイタリアうどん。クリームソースと温泉卵が太い麺によく絡まり、口当たりまろやか。ハリのある麺は歯ざわりよく食べられる。和風ダシにスパイスを加えたカレー風味の「カモネギカレーうどん」（写真上）900円もぜひ。

### 一汁五菜膳 1518円

この日のメインは、赤ワインのソースを添えた「ロール白菜の照焼」。ダシの旨味に赤ワインのコクがプラスされ、白菜の甘みがいっそう引き立つ一品だ。子どもと一緒なら「キッズプレート」660円や「キッズカレー」550円をぜひ。

## 野菜のおいしさ再発見! ヘルシー御膳が人気

玄米と野菜がたっぷりとれる自然派カフェ。野菜の旨味を生かしたアイデア料理と出合える。「一汁三菜膳」は、黒板からメインをチョイス。「大豆ミートのから揚げ定食」「車ふかつ定食」など、菜食主義の人にも助かるメニューがそろう。キッズメニューや「トーフのベイクドチーズケーキ」などのスイーツも充実。全メニュー持ち帰りができ、電話予約も可能だ。

カフェ

**玄米菜食カフェ**
# Bejita
ビジタ

**LunchTime 11:00〜15:00**

浜松市中区　map ➡ P89 B-5
☎053-475-0663
浜松市中区富塚町578-4
コミヤオークビル1F
11:00〜15:00※土・日曜は20:00LO
カウンター2席、テーブル12席、
ソファ4席、座敷10席　火曜休　P7台
●Lunch info
ランチの価格帯は1155円〜1518円
デザートセットあり

---

### 昔ながらのナポリタン 880円

子どもからお年寄りまで、幅広く愛される特製ナポリタン。細めながらも、しっかりした食感の麺はモチモチした生パスタを使っている。平日はサラダバー付きで、ドリンクセットやデザートセットは、各+275円で対応する。

## アツアツ&もっちり 定番人気のスパゲティ

1978年から愛され続ける居心地の良い喫茶店。シェフが手掛ける本格的な味に定評がある。卵をひいた熱々の鉄板へパスタを山型に盛ったナポリタンがロングセラー。コクのある特製ソースが味わい深い一品だ。平日昼は、種類豊富な野菜が取り放題のサラダバーが付いたメニューがお得。子連れ歓迎で、キッズルームやお子様メニューもある。

喫茶店

# ヒコウビラン

**LunchTime 11:00〜15:00**

浜松市中区　map ➡ P89 B-6
☎053-440-8008
浜松市中区佐鳴台1-15-28
9:00〜21:00
テーブル55席、
キッズルーム2部屋、
ミーティングルーム1部屋
木曜休　P20台
●Lunch info
ランチは平日のみ
お子様ドリンクセット、ドリンクセット、
デザートセットあり

---

### まるたけランチ 1350円

野菜を使った一汁三菜の和食ランチ。土鍋で炊き上げた県内産の米は、雑穀や無農薬で育てた古代米をブレンドしている。「国産小麦のチーズトースト」のランチもあり、いずれも選べる小鉢とコーヒーなどのドリンクが付く。

## 腸内環境を考慮した 無添加尽くしのランチ

女性専用のヨガサロン「くつろぎ庵」に併設したカフェ。自家焙煎したスペシャリティーコーヒーにマッチしたスイーツや料理をそろえる。同店のランチは和と洋の2種類。オーガニックや減農薬の季節野菜を調理した小鉢を好みでチョイスできる。洋食のチーズトーストのパンは、佐鳴台のパン屋「アノダッテ」の特注品。3種類のチーズをミックスしている。

サロン&カフェ

# まるたけ堂珈琲
まるたけどうコーヒー

**LunchTime 11:30〜13:30**

浜松市中区　map ➡ P89 B-6
☎053-440-8765
浜松市中区佐鳴台4-28-26
10:00〜18:00
カウンター3席、テーブル10席、
ソファ3席
日・月曜休　P15台
●Lunch info
ランチの価格帯は1200円〜1500円

本国で10年以上の実績を積んだベトナム人シェフが作る本格ベトナム料理店。揚げ春巻きからフォーまで、14種類のランチが豊富にそろう。中でも「牛肉フォー」は自慢の一品。2日間じっくり煮込んだ牛骨スープはコク深く、八角やシナモンなど漢方食材の風味がアクセントだ。浜松で唯一味わえる生麺のフォーは無添加で、本場の製麺機で作る自家製。

## 本場のフォーを堪能できるベトナム料理のランチタイム

# ベトナム食堂
ベトナムしょくどう

**LunchTime 11:00〜14:30LO**

浜松市中区　map ➡ P89 D-4

☎053-478-0164
浜松市中区住吉1-24-7
ディナー18:00〜21:00LO
テーブル8席、カウンター6席、個室8席
日曜休　P6台
●Lunch info
ランチの価格帯は600円〜1400円

牛肉フォー 950円
フォーのヘルシーさと牛肉のボリューム感を同時に楽しめるメニュー。澄み切った牛骨スープに沈んだフォーの上には、タマネギと青ネギ、牛肉をトッピングしている。ディナーでも味わえ、1000円。夜は宴会料理も対応可能だ。

---

バナナチーズトースト 680円
バナナの甘みとチーズの塩味が絶妙な「バナナチーズトースト」。「チーズトースト」480円もおすすめで、ともに市内の「やま市パン商店」の食パンを使っている。焙煎豆は100gから注文可能。ランチと豆の購入が同時にできる。

# 鴨江珈琲
かもえコーヒー

**LunchTime 10:00〜18:00**

浜松市中区　map ➡ P89 D-6

☎053-571-2759
浜松市中区三組町139-8
10:00〜18:00
テーブル4席、カウンター3席、ソファ4席
月曜休　P5台
●Lunch info
ランチの価格帯は980〜1480円
「チキンカレー」880円

## 住宅街の小さなコーヒー店で豆の購入と軽食を

路地裏にある自家焙煎コーヒー豆店。豆のテイクアウトのほか、ハンドドリップコーヒーや軽食も楽しめる。3種類の豆をブレンドした「鴨江ブレンド」550円と合わせたいのは、バナナ丸ごと1本を使った「バナナチーズトースト」。食べ応えがあり、ランチにもぴったりだ。休日限定だった「チキンカレー」は、平日も味わえるようになって好評。スイーツは「ガトーショコラ」（写真左上）をぜひ。

### 肉料理と大地の恵み
# ひなた

**LunchTime 11:00〜13:30LO**

浜松市中区 map ➡ P89 B-6

☎053-440-5529
浜松市中区佐鳴台6-10-20
ディナー17：00〜22：00LO
カウンター4席、座敷34席（掘りごたつ）
火曜休　P5台
●Lunch info
ランチの価格帯は950円〜3280円

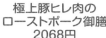

極上豚ヒレ肉の
ローストポーク御膳
2068円

前菜・サラダ・蒸し物・メイン・ご飯・みそ汁・漬物・ミニデザート付き。3種類のタレから選べ、写真はグレイビーソースと国産粒ハニーマスタードをチョイス。「韓国風鶏鍋」（写真左）は1人前1518円で2人〜、前日までの予約制。

いろいろな調理法の肉料理をカジュアルに楽しもう

牛肉はA4ランク以上の黒毛和牛を厳選。豚肉は「ふじのくにポーク」を使うなど、上質素材の肉料理を味わえる。ランチは名物のローストビーフやカツレツ、ヒレを低温で焼き上げる「ローストポーク」もおすすめ。ランチ時はサラダや小鉢、デザートなどが付いた御膳でお得に楽しめるのもうれしい。近江牛の牛刺しやユッケなど、生肉料理と厳選のお酒を堪能できる希少な店。

# とんかつ八兵衛
### 浜松本店
とんかつはちべえ はままつほんてん

**LunchTime 11:00〜14:30LO**

浜松市西区 map ➡ P89 B-6

☎053-401-0880
浜松市西区入野町611-1
ディナー17：00〜21：00LO
テーブル56席、カウンター12席、
座敷20席
無休　P50台
●Lunch info
ランチの価格帯は976円〜1562円
昼夜共通メニュー

たから豚ロースかつ
1452円〜

たから豚は120g・150g・180gの3種類から選べ、1452円〜1892円。ご飯・みそ汁・キャベツ・漬物が付く。「三元豚」や「ふじのくに夢ハーブ豚」のとんかつ、子どもにうれしいキッズメニューもそろえている。

鹿児島のブランド肉「たから豚」が味わえる希少な店

鹿児島県から直接取り寄せる「たから豚」をとんかつで召し上がれ。店内で低温熟成した肉は、甘い脂身と柔らかな肉質、あっさりとした風味が特徴的。粗めの特製パン粉をまぶし、キレの良いキャノーラ油100％でサクサク食感に仕上げている。「トリイソース」と共同開発したソースや、6種類の変わり塩で味の変化を楽しんで。ご飯・キャベツ・みそ汁のおかわりは自由。

エレガントな一皿にパスタの奥深さを知る

イタリア・トスカーナ地方の料理を得意とする予約制のリストランテ。現地でキャリアを積んだシェフ・吉田貴洋さんが作る一皿は見た目からエレガントで、繊細な味に美食家たちも夢中になる。手打ち細麺のタリオリーニ・リングイネ・フェットチーネ・ニョッキなど、多彩なパスタも楽しみの一つ。ランチは3種類のコースのみで、11時半から13時半までの時間制。

## Ristorante IL Marcampo
リストランテイル マルカンポ

**LunchTime 11:30〜13:30LO**

浜松市中区 map ➡ P88 E-5

☎053-443-7915
浜松市中区助信町10-8
ディナー18:00〜20:00LO
※ランチ・ディナーともに要予約
カウンター6席、テーブル28席、
個室10席　火・第3水曜休　P9台
クレジットカードはディナーのみ可
●Lunch info
ランチの価格帯は1800円〜2800円
11:30、12:00、12:30、13:00、13:30
の予約制

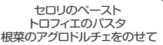
セロリのペースト
トロフィエのパスタ
根菜のアグロドルチェをのせて

グリーンのソースをイタリア伝統のショートパスタに絡めて味わう。甘酸っぱい根菜が味のアクセントとなったこの日のメニューは、ランチの一例。「Aコース」1800円はインサラータ・パスタorリゾット・デザート・パン・ドリンク付き。

---

天ぷらが名物の大衆食堂でボリューム満点ランチ

## 天はる
てんはる

**LunchTime 11:30〜13:30LO**

浜松市中区 map ➡ P89 B-4

☎053-471-6891
浜松市中区富塚町3003-2
ディナー17:00〜21:00LO
カウンター7席、テーブル13席、
2F座敷席13席
木曜休　P9台
●Lunch info
ランチの価格帯は1000円〜2000円

天丼 1000円

立体的に盛られた天ダネ一つ一つに、創業から守り継がれた甘辛ダレが絡んでいる。昼は1000円、夜は1100円。夜も天丼、天ぷら定食が味わえ、「刺身盛り合わせ」(写真左)といった単品和食料理も充実する。

創業から50年近く愛され続ける天ぷらの名店。オープンキッチンの店内には天ぷらを揚げる音や香りが漂い、料理を待つ時間もワクワクする。人気の「天丼」は、旬の魚介や野菜の天ぷらを約8種類と贅沢にトッピング。温度や衣の状態、素材の鮮度に細心の注意を払い、たっぷりのごま油でサクサクに仕上げる。「天ぷら定食」も人気で、ともに昼時はお値打ち価格で味わえる。

## うなわさ定食 3700円

白焼きをわさび醤油で味わうのは、関西風ならでは。炭火焼きの際にうなぎの脂が落ちるため、ヘルシーなのもうれしい。パリッとした食感と、わさびの辛みが刺激的。ご飯・お吸い物・お新香・わさび醤油付き。

## 旨味が詰まった関西風
## 白焼きをわさび醤油で

浜松の老舗関西風うなぎ店で修業した先代。蒸さない関西風で、うなぎの旨味と栄養素をギュッと閉じ込めている。活鰻を注文後にさばき、高温の炭火で一気に焼き上げることで、表面はパリッと香ばしく、身はふっくら。その食感をより楽しめるのが、同店自慢の「うなわさ定食」だ。わさび醤油で食べる白焼きは格別のおいしさ。単品も用意している。

### 関西風炭焼の味
# 加和奈
かわな

**LunchTime 11:30〜13:30**

浜松市中区 map ➡ P89 D-3
☎053-473-7929
浜松市中区小豆餅4-7-28
ディナー17：30〜20：00
※土・日曜、祝日17：00〜
カウンター4席、
テーブル20席、座敷14席
月曜休　P15台
●Lunch info
食事の価格帯は3150円〜7100円
昼夜共通メニュー

## 種類豊富なスパゲティ
## 体に優しいリゾットも

1984年に創業し、スパゲティ専門店として市内では先駆的存在。70種類以上のスパゲティをそろえる。平日は16種類のスパゲティから選べるA・Bランチが基本。魚介や野菜を使ったメニューなど、選ぶ楽しさにあふれている。スパゲティ・ピザ・リゾットに、+165円でドリンクが付くDランチ、+374円でドルチェとドリンクが付くCランチもある。

## 手長エビのリゾット 1628円

手長エビを贅沢に添えたリゾット。アサリをはじめとする魚介の旨味、タマネギやピーマンなど、野菜の甘みも効かせた濃厚な味わいに、心身ともにほっこり。スープが多めなので、滑らかな舌触りでサラリと食べられる。

# Sicily
シシリー

**LunchTime 11:00〜14:30**

浜松市中区 map ➡ P89 B-5
☎053-475-2508
浜松市中区富塚町431-1
11：00〜22：30
テーブル42席、カウンター5席　月・火曜休　P17台
●Lunch info
ランチの価格帯は869円〜2508円
ランチセットは平日のみ

## プレートランチ 1628円

ミニグラタン、自家製手ごねミニハンバーグ、本日のスープなど、ミニサイズの料理が10種類付くランチは女性から支持。3種類の焼きたてパンは、季節ごとに替わる。ドリンクセットは+220円、ドリンクとティラミス付き+506円。

## アツアツのグリル系や
## プレートランチも人気

「時を忘れる空間」がコンセプトの佐鳴湖畔のカフェ。男女問わず人気のランチはドライトマトのオーリオソースで食べるジューシーな「チキンステーキランチ」1628円。ライス・スティック野菜・ポテトサラダ・本日のスープ・プリン付き。キャラメルに紅茶などソースを多彩にそろえた「幸せプリン」はすべてのランチに付く。どれが届くかはお楽しみ。

### Cafe & Dining
# Re:voice
リヴォイス

**LunchTime 11:00〜14:00**

浜松市中区 map ➡ P89 B-5
☎053-401-1973
浜松市中区富塚町5025
カフェ14：00〜16：00
ディナー18：00〜20：45LO
テーブル44席　不定休
P14台
●Lunch info
ランチの価格帯は1380〜1480円

## 豚バラ肉の赤ワイン煮 1000円

三ヶ日産豚バラブロック肉が約110gとボリューミー。ナイフが必要ないほど柔らかく煮込まれ、口に運ぶとほどける食感がたまらない。パンまたはライスがセットで、サラダ・スープ付きは1380円、デザート4点盛りは+920円。

ボリューム満点の豚バラでフレンチをもっと身近に

### Cafe&Restaurant
# Bistro TA-BOU
ビストロ ターボゥ

**LunchTime 11:30〜14:30LO**

浜松市中区 **map ➡ P89 C-5**

☎053-474-1358
浜松市中区布橋2-4-1
カフェ14:30〜18:00
ディナー18:00〜21:30LO
カウンター7席、テーブル16席
火曜休※水曜不定休あり　P9台
●**Lunch info**
ランチの価格帯は960円〜1380円

カジュアルフレンチがコンセプトのビストロ。日替わりのほか、定番ランチはオムライスやリゾット、カレーといった洋食をそろえる。一番人気は「豚バラ肉の赤ワイン煮」。噛むごとに肉汁と旨味が広がり、甘さを抑えたコクのあるソースとの相性が抜群だ。ランチに合わせてほしいのは、同店自慢のデザート。黒板に書かれた約20種類の中から2点を選び、+480円で付けられる。

---

食欲をそそる芳ばしい香り、独自調合した甘辛タレの艶、備長炭でパリッと焼き上がった身。サクッとした歯応えに、関西風の美味を実感できる。オープンキッチンの店内でさばく鮮度抜群の活鰻をはじめ、料理に合わせて店主が選び抜いた米、天竜区春野産の山椒、漆塗りの美しい木製重箱と、素材から器までトータルにこだわり抜いている。

浜松では数少ない「関西風うなぎ」を楽しもう

### 関西風炭焼うなぎ専門店
# 鰻丸
まんまる

**LunchTime 11:00〜14:00**

浜松市東区 **map ➡ P88 G-1**

☎053-435-1519
浜松市東区積志町180-2
ディナー17:00〜20:00
テーブル18席、カウンター4席、
個室座敷8席
※2F座敷大広間あり（要問い合わせ）
火曜休※月1回連休あり　P12台
●**Lunch info**
価格帯は1760円〜4290円
昼夜共通メニュー

## うな重 3135円

大きめのうなぎ1匹を贅沢に使用したお重には、吸物と香の物が付く。宮内庁御用達「漆器 山田平安堂」の重箱や有田焼など、器にも注目して。「白焼き（半）」（写真上）1375円は、わさび醤油や塩でさっぱりと召し上がれ。

### ガレットと麺セット 2178円

蕎麦粉100%ガレットとざる蕎麦のセット。食材の旬によってガレットの具は変わる。写真はハムとチーズと卵を包んだコンプレット。夏は「冷製ラタトゥイユあえ麺」など、店主の創作意欲にあふれた変わり種メニューも楽しみ。

## 和食の枠にはまらない蕎麦の新たなスタイル

福井県で有機栽培された蕎麦粉を使った十割蕎麦のほか、ガレットといった洋食を取り入れたメニューが秀逸のそば処。蕎麦粉100%で香ばしく焼き上げるガレットはパリッともっちりの食感で、蕎麦の風味も豊か。包む具材は旬の味覚を意識している。そば茶アイス・そば茶プリンなどのデザートも好評で、蕎麦の新たな魅力を発見できる。

**蕎麦**

### そば処
# 林屋
はやしや

| LunchTime 11:00〜14:00 |
| --- |

【浜松市中区】 map ➡ P89 D-5
☎053-471-3919
浜松市中区和地山2-1-14
ディナー17:00〜20:30
テーブル18席、座敷10席
木曜休　P7台
●Lunch info
ランチの価格帯は1000円〜2000円

---

## 昔懐かしさ漂う空間でスパイシーなカレーを

独特な空間デザインで、住宅・店舗をリノベーションする「アパートメントストア」の1階にある喫茶店。大正・昭和の雰囲気漂う店内では、骨付きチキンを添えたカレーセットが味わえる。数種のスパイスを効かせたカレーは、十六穀米と合わせてヘルシーに。「みちくさ珈琲」420円や「クレームブリュレ」430円など、ドリンクやスイーツも外せない。

### バターチキンスパイスカレーセット 1100円

食事メニューはカレーのみ。手間暇をかけて仕込んだカレールーに、柔らかくなるまでじっくり煮込んだ骨付きチキンをほろほろと崩しながら味わって。セットで付くサラダは種類豊富で、新鮮そのもの。

**喫茶店**

### 喫茶
# みちくさ

| LunchTime 11:00〜18:00 |
| --- |

【浜松市南区】 map ➡ P88 G-6
☎053-465-3708
浜松市南区頭陀寺町350-7
月・火・土・日曜11:00〜18:00 テーブル12席、カウンター2席
水・木・金曜休※不定休あり、営業日はInstagramまたはTEL
にて要確認　P6台※乗り合わせがおすすめ
●Lunch info
ランチの価格帯は1100円〜、売り切れ次第終了

---

### シェリーズチキンサンドイッチセット 800円

サクサク食感のクリスピーチキンが丸ごと入ってボリューム満点。キャロットラペとハニーマスタードもサンドした人気ナンバーワンの極うまサンドイッチには、ポテトが付く。料理を注文すればドリンクが200円引きになる。

## アメリカン気分で具材たっぷりサンドを

ピンクの建物が印象的。トイや雑貨を店内に散りばめ、古き良きアメリカンダイナースタイルを再現している。数種類の具材を挟んだサンドイッチ・パニーニ・ハンバーガーは食べ応えあり。注文が入ってから作るため、出来たてのおいしさを堪能できる。月替わりで登場する限定メニューも楽しみ。テラス席はわんこ連れOKなので、愛犬とのデートにぜひ。

**カフェ**

# SHERI'S KITCHEN
シェリーズ キッチン

| LunchTime 11:00〜18:00 |
| --- |

【浜松市中区】 map ➡ P92 F-5
☎053-589-4000
浜松市中区南浅田2-17-8（英会話教室『Hands-On English』隣）
11:00〜18:00
カウンター3席、テーブル10席、
テラス6席（ペット可）　日曜休　P15台
※テイクアウト、貸し切り可能
●Lunch info
料理の価格帯は350円〜1050円
終日共通メニュー

ほんのり九州テイストの料理で心とお腹を満たして

## DELICIOUS KITCHEN
デリシャス キッチン

**LunchTime 10:00〜16:00**

浜松市南区 map ➡ P92 F-5

☎080-6239-7972
浜松市南区卸本町28
10:00〜16:00
※金・土のみ18:00〜21:00
カウンター5席、テーブル14席
日曜休
●Lunch info
ランチの価格帯は960円〜1400円
ランチに+150円でドリンクセットあり

**厚切りトンカツ 1400円**
写真は230gで170gは1180円。厚めにカットしたトンカツを一口食べれば、衣がサクッと音をたて、ジューシーな肉汁が広がる。タルタルソースをたっぷりかけた和洋コラボテイストの「さば南蛮」（写真左）も定番人気。

おしゃれスポットとして注目の卸本町。界隈で働く人や遊びに立ち寄る人たちの胃袋を支えている定食屋だ。オーナーが九州出身とあって、ほの甘いテイストが特徴。ランチは日替わりや定番約6種類を用意し、脂身の少ない国産豚を使った「厚切りトンカツ」の人気が高い。「ランチデザート」330円は4種類から選べ、「ランチドリンク」は+160円とお得。単品ケーキは530円。

## お茶の間 のおと
おちゃのま のおと

**LunchTime 10:10〜17:00**

浜松市東区 map ➡ P88 E-1

☎053-443-8750
浜松市東区半田山5-25-1
10:10〜17:00
テーブル8席、カウンター6席
日・月曜休
P7台
●Lunch info
ランチの価格帯は800円〜

**ほうじ茶漬け 800円**
梅干しをのせた雑穀米にほうじ茶のダシつゆを回しかけ、鮭・金ゴマ・塩昆布・お茶の佃煮を合わせて味わう。自慢のお茶も付く。和洋の甘味に合う「静岡 美山の紅茶」500円と香り高い「濃茶のケーキ」450円（ともに写真左）。

個性豊かな日本茶を味わう喜びを食事やスイーツで

全国の茶農家から直接仕入れた日本茶が28種類そろう日本茶専門店。珍しい和の発酵茶や、人気上昇中の和紅茶も用意している。ランチタイムを過ごすなら、茶蕎麦やほうじ茶漬け、パンサラダなど、お茶をテーマにした軽食をぜひ。カフェタイムには、オリジナルスイーツやお茶の飲み比べを楽しみたい。日本茶インストラクターによるスクールやセミナーも開催している。

彩御膳 3300円

竹篭へ旬の小鉢が6品と、刺身・煮物椀・茶碗蒸し・ご飯・漬物・デザート付き。豪華な懐石風御膳は見た目から心華やぎ、女子会にもぴったり。こちらの御膳は事前予約制。季節により、内容は異なる。

## 繊細な味の京風懐石 見目麗しい篭入り御膳

京都で15年修業した店主が作る料理はダシが決め手。京都から取り寄せた厳選昆布をひくことから朝の仕込みは始まる。気軽に懐石を味わってほしいとの思いから誕生した「彩御膳」は、京料理ならではの美しさ。季節や内容で替わる器も見どころだ。手頃なランチは、定食から御膳まで約15種類。さらに桜エビやハモを使った、季節の定食も登場する。

旬彩
# 一寸法師
いっすんぼうし

**LunchTime 11:00〜14:00**

浜松市南区　map ➡ P88 H-6
☎053-463-4103
浜松市南区三和町608
ディナー17:00〜22:00
カウンター6席、テーブル32席
月曜休　P20台
●Lunch info
ランチの価格帯は1100円〜3850円
定食や御膳のご飯はランチ・ディナーともに、+100〜300円程度で季節の炊き込みご飯へ変更可

## おしゃれなカフェで 子どもとランチデート

住宅会社がショールーム内にカフェ&インテリアショップを展開。ハイセンスな空間に包まれながら、写真映えするランチを堪能しよう。ポークを使ったワンプレートにカレーやパスタ、生ハムサラダのダッチベイビーなど、種類が豊富。「キッズプレート」（ドリンク付き）660円があり、子連れにも優しい店。スイーツとコーヒーを楽しむこともできる。

バルサミコハニーソースのポークアボカドライス 1815円

バルサミコ酢が香る厚切りのポークに、ハニーマスタードソースが絡む人気のプレートは1日10食限定。すべてのランチにドリンクが付く。食後のスイーツやカフェタイムには、「フレンチトースト」（写真左）がおすすめ。

# style casa
スタイルカーサ

**LunchTime 11:00〜14:00LO**

浜松市東区　map ➡ P88 H-3
☎053-589-5528
浜松市東区材木町523-7
11:00〜17:00※土・日曜、祝日10:00〜、
ランチは〜14:00LO　テーブル32席、ソファ8席、テラス12席
火・水曜休※祝日は営業　大型Pあり
●Lunch info
ランチの価格帯は1298円〜1815円

花遊膳 2090円〜（平日）

煮物・変り揚げ・刺身・サラダ・コーヒーが付く2090円の内容に、茶わん蒸しとデザートを付けた2750円の2種類あり。土・日曜、祝日は2530円〜。季節や仕入れの状況で、料理の内容は替わる。写真は2750円。

## 心静かに季節を味わう 和の美意識を料理から

自然光が優しく注ぐ和の空間。随所に花が飾られ、季節を感じる演出があしらわれている。料理は、鈴木悦夫店主と二代目の基文さん親子の技の競演。日本料理を気軽に味わえる昼の「花遊膳」や、男性には「ステーキ重」が好評だ。夜は大切なシーンにもふさわしい懐石料理を用意。会議など集いの場に重宝する、仕出し弁当も受け付けている。

四季の味
# しんや

**LunchTime 11:30〜14:00**

浜松市東区　map ➡ P88 H-3
☎053-423-2556
浜松市東区安間町650
ディナー17:00〜20:30LO
※日曜、祝日〜20:00LO
テーブル20席、カウンター6席、座敷30席
月曜休※祝日は営業、翌日休　P27台
※仕出し弁当は5つ以上、3日前までに予約
●Lunch info
平日2090円〜3630円
土・日曜、祝日2530円または3080円
※そのほかコースの予約などは応相談

「女性が集まる空間」がコンセプトのヘアサロンの2階にあるカフェ。白を基調とした店内では、かわいい雑貨も販売する。ランチメニューは日替わりデリが味わえる「リリカフェランチ」や、パスタ・ピザ・ボウル（丼）から選べるランチ、ベーグルサンドの3種類。食事の前後に、器やファッションアイテム、ドライフラワーなど、おしゃれなアイテムを探しに行くのも楽しい。

**ランチとプラスの楽しみがある女子好みのカフェ**

# lili cafe, gift
リリ カフェ ギフト

| LunchTime 11:00〜17:30LO |
| --- |

**浜松市東区**　map ➡ P88 G-5
☎053-464-3322
浜松市東区子安町316-5
平日11:00〜18:30（18:00LO）、
金・土曜〜21:30（21:00LO）、
日曜〜21:00（20:30LO）
カウンター4席、テーブル22席
月曜、第1火曜・第3日曜休
※月曜が祝日の場合は第3日曜営業　P18台
●Lunch info
ランチの価格帯は825円〜1350円
金〜日曜は11:00〜17:00LOまでランチ可

**浜松郊外**

**リリカフェランチ 1350円**
キッシュと日替わりデリのワンプレート。自家製パンか雑穀米から選べ、サラダとスープ付き。ランチにミニサイズのスイーツ付けるなら、1品443円〜。「焼きたてアップルパイ（バニラアイス添え）」（写真上）単品550円。

---

# 洋食屋みさくぼ
ようしょくやみさくぼ

| LunchTime 11:00〜14:30LO |
| --- |

**浜松市東区**　map ➡ P88 H-5
☎053-463-1231
浜松市東区篠ケ瀬町1038
ディナー17:00〜20:30LO
テーブル34席、カウンター4席
木曜、第3日曜休
P16台
●Lunch info
ランチの価格帯は1300円〜2000円

**パングラタン（エビ）1380円**
クリームソースの中にも小エビが入った贅沢なグラタン。くりぬかれたパンをソースに浸したり、大胆に崩したりと味わい方は自由。スープ・ミニサラダのセットは1580円。同仕様で、「ホタテ」「ジャガイモ」もある。

**遊び心あふれる料理から丁寧な仕事ぶりを実感**

ハンバーグやポークソテーなど、洋食屋の王道メニューが魅力。1日限定40食の「欧風カレー」は3日間煮込むなど、手間がかかった料理と出合える。隠れた逸品はパン1斤を使ったグラタン。見た目にも驚くこの料理は、ホワイトソースの中から顔を出すエビがなんともキュート。厚切りトマトを大胆にのせた「ハンバーグトマトベーコン」（写真左上）1550円はアラカルトでぜひ。

## Aコース 1650円

野菜キッシュと4つの味を楽しめる前菜・本日の選べるパスタ・ドリンク付き。ドルチェは1点+320円、2点+520円、3点+720円で付けられる。「Bコース」2750円はAコースの内容に、メイン料理を加えた贅沢なコース。

## 特別な日に訪れたい美しいイタリアン

アンティーク家具でまとめられたおしゃれな空間で味わう、見た目もきれいなイタリアン。ランチはA・Bの2つのコースがあり、「前菜4種の盛り合わせ」の華やかさに最初の一品から心が躍る。昼夜ともに記念日にもふさわしく、メッセージ付きのデザートプレートにも対応。雑貨やグリーンを販売するショップが併設され、食事をしながら買い物も楽しめる。

イタリアン

# RUSTICO
ルスティコ

**LunchTime 11:00〜15:00LO**

浜松市東区 map ➡ P88 G-1

☎053-581-9034
浜松市東区西ケ崎町1793
ディナー18:00〜21:00LO
カウンター3席、テーブル20席、
ソファ席4席　月曜、第3火曜休
P13台
●Lunch info
ランチの価格帯は1650円〜3750円

## かわいい丸パン付きのパスタ＆デリランチ

約30種類のパンを店内で焼き上げる、テイクアウト＆イートインのカフェ。焼きたてのパンが付く週替わりランチが人気で、「パスタランチ」は天然酵母配合のパン約10種類から2つを選べる。おすすめは自家製レーズン酵母配合のパン。ミネラルたっぷりの「喜界島の洗双糖」を使うなど、素材にこだわった体に優しいパンと出合える。

## パスタランチ 1100円

パスタは2種類から選択でき、この日は「揚げささみとほうれん草の和風おろしパスタ」。夏には冷製パスタやレモンクリームなど、さっぱり系のパスタが登場する。豚丼やドリアなど、週替わりの「デリランチ」1300円もある。

カフェ

# biscot cafe COSTA-RICA
ビスコット カフェ コスタリカ

**LunchTime 11:30〜14:00**

浜松市東区 map ➡ P88 G-5

☎053-463-8828
浜松市東区西塚町200 サーラプラザ浜松1F
10:00〜18:30
テーブル30席、カウンター5席、ソファ席16席　月曜休
共同駐車場あり
●Lunch info
ランチの価格帯は1100円〜1300円

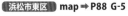

## スープカレーセット 1380円

タマネギを3時間以上かけて炒め、24種類のスパイスを使ってじっくり仕上げている。写真は「チキンレッグと野菜と玉子」。同価格で「やわらかポークと野菜と玉子」、「牛タンと野菜と玉子」1580円があり、いずれもドリンク付き。

## チョイスが楽しいデリカレーの味わいも絶品

倉庫を丸ごとリノベーションしたビンテージスタイルのカフェ。ヘルシーな野菜と好みのおかずが選べる「デリプレート」や、スパイスの効いたスープと大きな具材が特徴の「スープカレー」は十五穀米をスープに浸して召し上がれ。カンパーニュで作ったフレンチトーストも人気で、外はカリッと、中はふっくら。小さめサイズは食後のデザートにもおすすめ。

カフェ

# Cafe Soco
カフェ ソーコ

**LunchTime 11:30〜17:00**

浜松市東区 map ➡ P88 H-4

☎053-548-6095
浜松市東区天王町954-1
11:30〜19:00(18:00LO)
金・土・日曜〜21:00(20:00LO)
テーブル60席、テラス席8席
無休※メンテナンスによる臨時休あり
P26台
●Lunch info
料理の価格帯は1380円〜1580円
終日共通メニュー

「心と身体が喜ぶ料理」がコンセプトの素材にこだわる人気蕎麦店

**生のりとしらすのかき揚げ 1600円**

浜名湖産の生海苔としらすのかき揚げは、磯の香りがふわり。昼夜共通メニューで、蕎麦はかけとせいろから選べる。有東木産の生ワサビを添え、自ら擦って薬味にする演出も楽しい。華やかな「蕎麦会席」3850円〜は夜限定で、2日前までに要予約。

 蕎麦

**手打そば**
# 築
ちく

**LunchTime 11:30〜14:00LO**

浜松市東区 | map ➡ **P88 H-5**

☎053-464-8801
浜松市東区和田町153-1
ディナー17:00〜20:00LO
座敷20席、カウンター4席
火曜、第3月曜夜休
※祝日は営業、翌日休
P8台
●**Lunch info**
ランチの価格帯は990円〜1600円
ランチは平日のみ

福井産と北海道産の蕎麦粉をブレンドした手打ちの二八蕎麦が自慢。コシのある麺は艶やかな薄茶色に仕上がり、昆布・カツオ・雑節からダシをとったつゆは、温冷用の2種類を使い分けている。「昼のおすすめめし」と称したランチは平日限定で、約4種類。自慢の蕎麦に、天丼などのご飯ものとセットになる。蕎麦の大盛り+290円や小盛り−100円の調整や、昼限定の「だしまき玉子」220円をプラスするなど、楽しみ方もいろいろ。浜松産の野菜にこだわり、夜限定の「蕎麦会席」（写真左上）では旬野菜と蕎麦が見事にコラボレーションした料理を味わえる。

**フレンチランチ 1320円～**

メインが月替わりなので、新たな味との出合いが楽しみ。地元野菜のサラダオードブル・本日のスープ・メインディッシュ・ドリンクが付く。特製スイーツは、+330円でオーダー可能。「メンズランチ」1815円～。

## 上質な味のフレンチを気軽な雰囲気の中で

カジュアルなスタイルで、上質なフレンチベースの料理を味わえることで人気の店。春夏はかき氷、秋冬はカフェタイム限定で登場するフォンダンパンケーキがおすすめだ。ランチはコースのみ。月替わりのメイン料理が選べる「フレンチランチ」、肉と魚の両方を味わいたいなら「メンズランチ」をぜひ。記念日にぴったりの「スペシャルコース」は要予約。

フレンチ

### フレンチ＆カフェ
# クロッシュ

LunchTime 11:30～13:30LO

浜松市北区　map ➡ P89 D-1
☎053-523-7035
浜松市北区初生町1208-1
カフェ14：00～17：00LO
※土・日曜、祝日～16：00
ディナー18：00～21：30（21：00LO）
※月・木曜日は予約制
テーブル26席、ソファ4席
水曜、火曜夜休　P11台
●Lunch info
ランチの価格帯は1320円～2750円

---

## 彩り鮮やかな牛かつで牛肉のおいしさ再発見

サクッとした衣に包まれた牛肉をレアに仕上げ、ルビーレッドの断面が皿の上を華やかに彩る。静岡産牛モモの赤身肉を使った牛かつはまさにフォトジェニックだ。「日替わりランチ」968円は名物の牛かつのハーフサイズにメンチカツなどが付くお楽しみランチ。じっくり煮込んだデミグラスソースが濃厚な「国産牛煮込み定食」1419円の人気も高い。

**上牛かつ定食 1419円**

まずは、ブレンドしょうゆにわさびをのせて一口。次に、オニオンソースの甘みと酸味を楽しむ。テーブルに添えられた岩塩のみで味わうのも粋。トッピングの「おろしポン酢」110円をオーダーするのもおすすめだ。

肉料理

### 牛かつ・牛煮込み
# 鈴乃家
すずのや

LunchTime 11:30～14:30LO

浜松市東区　map ➡ P88 G-4
☎053-463-5575
浜松市東区丸塚町519-7
ディナー18：00～22：00LO
カウンター6席、テーブル18席、座敷4席
日曜休　P14台
●Lunch info
ランチの価格帯は968円～1419円

---

**峯野牛のステーキプレート 2530円**

奥山でのびのびと育った「峯野牛」の内モモ肉を使ったステーキは柔らかで、くどさのないスッキリとした旨味の赤身を堪能できる。サラダは農園直送の朝採れ野菜を使用。ランチは「お子様カレー」550円も用意している。

## 赤身肉の旨味たっぷりチーズとの相性も抜群

ブルックリンスタイルのインテリアがおしゃれなカフェ＆ダイニング。野菜や肉など、素材は極力地元産にこだわる。数量限定の「白いオムライス」など、ランチはお得なプレートが5種類あり、すべてにサラダ・前菜2種類・スープ・ドリンク付き。浜松産ブランド牛を使った「峯野牛のステーキ」は、+550円でラクレットチーズをオーダーし、肉と絡めて召し上がれ。

カフェ＆ダイニング

### cafe&kitchen
# LIBERTY
リバティ

LunchTime 11:00～15:00

浜松市北区　map ➡ P89 C-1
☎053-543-4272
浜松市北区三方原町311-1
カフェ15：00～18：00
ディナー18：00～21：00LO
テーブル44席
火曜休　P20台
●Lunch info
ランチの価格帯は1650円～2530円

## ナシチャンプル 1650円

バリの聖なる山、「アグン山」を表現したライスのまわりに、日替わりの単品料理が7品。いろいろな味をちょっとずつ楽しめるワンプレート料理は、ランチ限定で楽しめる。コーヒーまたは紅茶が付くデザートセットは+550円。

リラクシン多国籍レストラン＆カフェ
### ROBA NO MIMI
ロバノミミ

**LunchTime 12:00〜14:30LO**

浜松市中区 　map➡P88 E-3

☎053-471-0022
浜松市中区萩丘3-9-30
ディナー18:00〜21:00LO※金・土曜のみ　テーブル40席、カウンター9席
不定休※営業日はHPで要確認　P7台
●Lunch info
ランチの価格帯は1100円〜1650円
ランチは土日のみ

店主が旅先で出合った味を再現する、各国料理を振る舞うカフェ。インドネシア・モロッコ・スリランカなど、東南アジアや中近東の料理を味わえる。昼夜共通メニューを基本に、ランチ限定のお楽しみは「ナシチャンプル」。水を使わず、素材が持つ水分だけで旨味を抽出するタジン鍋は9種類を用意する。水タバコの「シーシャ」やベリーダンスなど、異文化体験も人気。

タイやベトナム、トルコなど、多国籍料理を一度に味わえる

---

体の調子を内外から整えられるフィットネス＆カフェ。マッサージ・整体・トレーニングのトータルケアが人気の「パーソナルケア」を受けたら、週替わりの「ちるちぇ定食」をぜひ。野菜ソムリエの店主が作る同店メニューはすべて動物性素材不使用。生搾りした4種類のフレッシュジュースも週替わりで、季節野菜と果実のマリアージュを楽しめる。

野菜ソムリエとトレーナーにボディケアを委ねよう

サロン＆カフェ
Studio & Caffe
### CIRCE
チルチェ

**LunchTime 11:00〜16:30LO**

浜松市北区　map➡P89 D-2

☎053-437-0270
浜松市北区初生町596-1
8:00〜16:30LO
テーブル26席　火曜、祝日休
P8台
※授乳・おむつ替え・キッズスペース、子ども用椅子あり
●Lunch info
ランチの価格帯は700円〜1150円

## ちるちぇ定食 1150円

この日のメインは、大根のカポナータソース。一汁三菜にサラダ、玄米と白米をブレンドしたご飯とドリンクが付く。好みのベーグル・タコソース・サラダフレーク・フレッシュゼリーがセットの「お子様プレート」500円もある。

### できたて寄せ
### 豆腐御膳 1380円

北海道産大豆と沖縄産にがりを100%使った出来たて豆腐の滑らかな舌触りがやみつきに。すりごま、しょうが、青ねぎを薬味にして味わう。白米または十六穀米、みそ汁・白和え・煮物・おから茶とデザート付き。

## 出来たて豆腐の新鮮さ
## 濃厚な旨味を堪能して

明治10年（1877）に創業した老舗豆腐店「須部商店」直営の古民家とうふ料理店。南アルプス山系のミネラル豊富な地下水で仕込む豆腐を使ったメニューがそろう。二大名物は、「できたて寄せ豆腐御膳」と「焼きたて油揚げ御膳」。大豆の風味がダイレクトに伝わる寄せ豆腐は、ダシ醤油でつるんと味わう。油揚げは、身がつまっていて食べ応え十分。

豆腐料理

#### 川辺の食卓 都田のとうふ
# 勘四郎
かんしろう

**LunchTime 11:30〜14:00LO**

浜松市北区　map ➡ P91 A-6

☎053-428-7667
浜松市北区都田町6531
10：00〜17：00
テーブル46席
木曜休
P50台
●Lunch info
ランチの価格帯は900円〜1620円

---

## 秘密基地のような
## ガーデン＆雑貨カフェ

宿根草中心のオープンガーデンとカフェを併設。店主の趣味をきっかけに、ハンドメイド雑貨店からスタートした。ランチは「日替わりランチ」1種類のみ。メインをはじめ、スープやサラダ、小鉢にご飯もすべて日替わりなので、訪れるたびに新たな味との出合いが楽しみ。作家作品が豊富にそろう店内では、作り手たちが情報交換をする様子も見られる。

### 日替わりランチ 750円

店主の母が腕を振るうランチ。この日は常連客に人気のハンバーグで、野菜の煮物・サラダ・ご飯・みそ汁・蒸しプリンのセット。雑貨コーナーは、服・革製品・アクセサリー・小物など、バリエーション豊富にそろう。

# shop-ohana
ショップ オハナ

**LunchTime 11:30〜15:00**

浜松市浜北区　map ➡ P90 B-1

☎053-587-6136
浜松市浜北区平口495
雑貨11：00〜17：00、カフェ11：30〜17：00
テーブル18席、座敷2席　日・月・木曜休※臨時休業あり
P7台
●Lunch info
ランチの価格帯は650円〜750円

---

### あらたま御膳 2200円

8品の小鉢でいろいろな味をちょっとずつ楽しめる、女性好みのランチ。釜めしは6種類から好きなものを選べる。にぎり寿司・茶碗蒸し・エビフライ・唐揚げなど、食べやすい内容の「お子様にぎり膳」1078円は子どもに人気。

## 和の真髄はダシの旨味
## 無添加で体に優しく

体に優しい無添加ダシを心掛け、栄養バランスや四季の味覚を大切にした和食と出会える。平日だけのお楽しみの昼膳は、篭盛や重箱に色とりどりの小鉢を添え、見た目から鮮やか。花篭で登場する「あらたま御膳」は、生米から炊き上げた釜めしがおいしく、五目、鶏、貝など6種類の味わいから選べる。3種盛りのデザートも、うれしいサービス。

和食

#### 旬 和食
# あらたま庵
あらたまあん

**LunchTime 11:00〜15:00LO**

浜松市浜北区　map ➡ P90 B-2

☎053-584-1155
浜松市浜北区平口224-1
11：00〜21：30LO
テーブル96席、座敷30席　無休
P50台
●Lunch info
ランチの価格帯は1518円〜3300円
ランチは平日のみ。祝日も除く

アパート角部屋の一室をリノベーションした隠れ家カフェ。店主の両親が育てた旬野菜を使った日替わりランチと、元パティシエの店主が作るスイーツが自慢だ。人気の「ひだまりランチ」は、メインがドリア以外ならご飯か自家製パンが付き、ドリンクとプチデザートもセットになる。動物形のかわいらしいケーキや、月に1度の「アフタヌーンティー」も楽しみだ。

## アパートの一室にある究極の隠れ家カフェ

### ひだまりCafe えむ
ひだまりカフェ えむ

**LunchTime 11:00〜14:00**

浜松市浜北区 map ➡ P90 A-3

☎053-585-2103
浜松市浜北区内野1501 Mハイツ209
10:00〜17:00
カウンター7席、テーブル4席、座敷8席
日曜休※不定休あり　P6台
●Lunch info
ランチの価格帯は1000円〜1500円
+300円で通常デザートからショーケースのケーキまたは焼き菓子2種類に変更可
ランチドリンクのコーヒーは挽きたてハンドドリップ、紅茶はポットで提供

**日替わりひだまりランチ 1000円**

ドリアや肉料理、ドライカレーなど、洋食が中心のメインを日替わりで提供する。ひだまりランチは数量限定。「グリーンサラダとチーズのフレンチトースト」や「本日のサンドイッチ」もあるので、好みに合わせて楽しんで。

---

### さぬきうどん
## 野の香
ののか

**LunchTime 11:00〜14:30LO**

浜松市浜北区 map ➡ P90 B-2

☎053-545-9997
浜松市浜北区平口222-1
土曜はディナー17:30〜20:00LOも営業
テーブル14席、カウンター12席
水曜休　P27台
●Lunch info
ランチの価格帯は700円〜1400円

**天ぷらとうどんのセット 1080円**

温冷各種のうどんと、とり天・ちく玉天・エビ天の3種類の天ぷらから選べるセット。すべてに野菜天3種類が付く。写真は、冷かけうどんとちく玉天をチョイス。透明感のある黄金色のつゆは、後味がすっきりとしている。

## なめらかなコシで讃岐の味をそのままに

ゆでたてのうどん、揚げたての天ぷら、天然素材のみを使うダシ。3つのこだわりを大切にした本格讃岐うどんを提供する。うどんに使う小麦粉は「小麦のちから」と「きぬあかり」の銘柄をブレンド。生地は丸1日熟成させた後に鍛えることで、なめらかなコシに仕上がる。大根やこんにゃくに鶏だんごなど、おでんを楽しめるのも讃岐流。セルフサービスで具材を選んで。

ランチコース 2354円
アミューズ・前菜・自家製パン・日替わりパスタ・自家焙煎コーヒーまたはクロモジ茶付き。この日のパスタは、「自家製パンチェッタとゴロゴロ夏野菜のカポナータソーススパゲッティーニ」。パスタは4種類から選べる。

自家農園の採れたて野菜の滋味を楽しむランチコース

レストラン

## 農＋ノーティス

**LunchTime 11:30〜14:00LO**

浜松市浜北区　map ➡ P92 E-5

☎053-548-4227
浜松市浜北区四大地9-1178
ディナー17：00〜※要予約
直売所11：30〜
パンの販売は木〜日曜11：30〜売り切れ次第終了
月・水曜休　13台

●Lunch info
ランチの価格帯は2354円〜5115円

食の楽しみ方を知る美食家たちが、旬野菜を味わいに訪れる農家直営店。4カ所計1ヘクタールの畑から採れたての野菜を使った料理を、イタリアンで楽しめる。店主の今津亮さんは、朝とアフターランチ、定休日は畑作業を。それ以外はキッチンに立ち、野菜の個性を引き出す料理を提供している。ランチはコースのみ2種類。「予約限定ランチ」は前日までの予約で受け付ける。店頭では野菜や国産材料、自家発酵バターのパンも販売。コースのみだったディナーにアラカルトを充実させるなど、自家製野菜の魅力発信によりいっそうの力を注いでいる。

驚きと幸せをもたらす、ふんわり食感のニョッキを味わう

国内のほか、イタリアにも渡りキャリアを積んだ店主が作る、色鮮やかな料理が評判。浜松市内の野菜づくりのプロ集団・地産地消ユニット「おとなりさんち」から新鮮野菜を取り寄せて、料理に生かしている。ランチはA～Cの3種類。Aランチはパスタかニョッキ（+110円）から選べ、パスタは「小柱と浜名湖産青のりのクリームソース」の人気が高い。Bランチの「手作りのフォカッチャサンドのワンプレート」は数量限定。Cランチはカレーを用意するなど、2週間ごとに替わるランチの内容が楽しみだ。すべてにサラダとドリンクが付き、デザートは+330円。

**Aランチ（ニョッキ）1430円**

Aランチはパスタを選べば、1320円。ニョッキは+110円となる。写真はジャガイモの風味とふわふわ食感が心地よい「ニョッキのラグーソース」。基本はサラダ・ドリンク付き。さらにデザートを付ければ1760円になる。

# Kitchen Luce
キッチン ルーチェ

| LunchTime 11:00～14:00LO |

浜松市西区　map ➡ P91 D-4

☎053-570-2520
浜松市西区伊左地町2528-1
11:00～17:00
カウンター3席、テーブル12席、個室8席
水・木曜休　P9台　PayPayのみ対応可
●**Lunch info**
ランチの価格帯は1320円～1815円

## 二十分待った先にある、ホクホク釜めしの奥深い味

ほたてやうなぎ、鶏ごぼうなど、炊きたての釜めしが自慢の店。生米から炊き上げるため、完成まで20分ほどかかる。出来上がりを待ちわびる時間も楽しく、香りが蒸気とともに漂い始めたら完成間近のサイン。木ぶたを開けて、釜底に付いたおこげまで味わい尽くそう。子どものお祝いに、鯛の尾頭が付いた「お食い初め」（要予約）2750円にも対応する。

**和食**
# かなざわ

**LunchTime 11:00〜14:00**

浜松市西区 map ➡ P91 C-5

☎053-596-3035
浜松市西区雄踏町宇布見4061-5
ディナー17：00〜21：00
座敷42席
水曜、第1・3火曜夜休
P14台
●Lunch info
ランチの価格帯は990円〜1860円
デザートコーヒーセットは+200円

### ほたて花かご膳（月）2750円
刺身・茶碗蒸し・ローストビーフといった一品料理がずらり。人気の花かご膳シリーズは、好みの釜めし（写真はほたて）に、天ぷらやデザートなどが付く。平日ランチ「うなぎいも釜めし」（写真左）1100円は11〜3月頃の限定。

---

## 明治時代の古民家で味わう香り高い蕎麦と四季の恵み

天竜の里山にある築140年余の古民家。土間や囲炉裏など日本の原風景と出合える。つなぎを使わずに打つ「田舎蕎麦」は太い麺に力強さを感じる1枚。自慢の蕎麦や地場の山菜を使った一品料理、自家製の甘味も楽しみ。夏は川遊びやブルーベリー狩りができ、毎月18日は地域の神社で朝市「百古里十八市（すがりおはこいち）」を開催している。

**蕎麦道楽**
# 百古里庵
すがりあん

**LunchTime 11:00〜15:00**

浜松市天竜区 map ➡ P92 E-5

☎053-924-0088
浜松市天竜区横川160
3月〜12月の平日は11：00〜15：00、土・日曜、祝日は〜16：00LO、1月〜2月は平日、祝日ともに11：00〜15：00
座敷24席、椅子8席、掘りごたつ12席
木曜休※1、2月は火・水・木曜休　30台
●Lunch info
ランチの価格帯は980円〜2150円
毎月18日は蕎麦の日で、せいろ1枚目半額
百古里十八市は11：00〜12：00

### 田舎鴨せいろ 1750円
田舎蕎麦か二八蕎麦から選べる鴨せいろ。「本気唐辛子」や「春野のサンショウ」をお好みで。無農薬自家栽培の赤米・黒米・玄米で作るおにぎりに、自家製ふきみそを付けて焼いた「ふきみその焼おにぎり」（写真上）380円。

船明ダム湖のきらめきと、四季折々の山の恵みを訪ねたい——

割烹旅館からフレンチレストランに転身した創業70年の老舗店。フランス・プロヴァンス地方で修業した三代目の大橋正諭さんが生み出すジビエ料理に魅了され、定期的に足を運ぶファンが多い。素材はできるだけ地元産を中心に、秋には天竜区や北区引佐町の山で捕獲した猪や鹿肉などの野生動物を使った料理が登場する。フレンチをより気軽に楽しんでほしいと、スープ・メイン・スイーツ・ドリンクが付く「平日限定シェフのきまぐれランチ」1600円〜が新たにスタート。メニューは旬を盛り込んだ日替わりで、訪れるたびに異なる味との出合いが楽しみだ。

**シェフの気まぐれランチ
1600円**
平日限定の日替わりランチ。この日のメインは、「スペアリブのコンフィとシポラタ（ソーセージ）」。濃いピンク色の「ビーツの冷製スープ」（写真左上）は5月から登場する。昼夜共通のAコース3300円、Bコース4400円もある。

**フレンチレストラン
船明荘**
ふなぎらそう

| LunchTime 12:00〜14:00 |

浜松市天竜区 map ➡ P92 E-5
☎053-925-2039
浜松市天竜区船明175-1
ディナー18：00〜20：00LO※要予約
テーブル25席、カウンター5席、
テラス席10席　月曜休
※祝日は営業、翌日休、月2回火曜休あり
P25台
●Lunch info
ランチの価格帯は1600円〜4400円
平日のみのランチあり
週末ランチはコースで3300円〜

### 種豚・肉豚生産の直営店
## Little Piggy
リトル ピギー

**LunchTime 11:00～14:00LO(平日)**

（浜松市天竜区）**map ➡ P92 E-5**

☎053-424-9900
浜松市天竜区二俣町鹿島542-1
平日9：00～15：00 (14：30LO)、
土・日曜9：00～16：00 (15：30LO)
テーブル50席、カウンター6席
火・水曜休　P15台
●Lunch info
ランチの価格帯は750円～1800円
日替わりランチ800円 (通常料金よりお得になるメニューあり) は平日14時までに入店
定食はすべてご飯お替り自由

**豚丼定食 800円**
コチュジャンと豆板醤を効かせた一皿は、ピリ辛風味がたまらない。「焼肉定食」920円は、バラ肉180gに、しょうゆ・ニンニク・生姜・みりんなどで作った特製の甘辛ダレがしっかり絡む。いずれも日替わりメニューの一例。

種豚・肉豚を生産する「春野コーポレーション」が運営するレストラン。自社ブランドの「はまな三丁目の豚肉」を使ったメニューがずらりとそろう。ロースやヒレ、モモカツ定食を看板に、定食メニューの定番は7種類。ミニサラダ・ご飯・みそ汁・漬物が付く。注目したいのは、ポークソテーや焼肉、豚丼といった日替わりメニュー。夏季はかき氷も登場するので、涼みに訪れて。

はまな三丁目のジューシーな豚肉を味わい尽くそう

---

美しく盛り付けられた猪のロース肉は、野生の猪を生きたまま捕らえたもの。絶妙なタイミングで処理を施すため、臭みなく味わえる。料理人かつ全国的にも名高い猟師の片桐店主が、猪を捕らえるところから調理はスタート。肉の半分が脂身だがくどさを感じない。塩ベースのつゆが絡んだ肉は歯切れがよく、まろやかな味わいだ。昼夜ともに予約制。

歯切れがよく、後味がさっぱりした猪のしゃぶしゃぶ

### 寿司割烹
## 竹染
ちくせん

**LunchTime 11:00～12:30(入店)**

（浜松市天竜区）**map ➡ P92 E-5**

☎053-926-2572
※完全予約制
浜松市天竜区二俣町二俣2177
ディナー18：00～19：30 (入店)
カウンター5席、テーブル30席
月曜休　P5台
●Lunch info
昼夜ともに料理の価格帯は3850円～
予算に対応する

**猪のしゃぶしゃぶ 3850円**
写真は2人前。しめは名古屋コーチンの卵を使った雑炊を味わえる。鴨や鹿肉など、山の恵みをふんだんに味わいたいなら、「天然物おまかせコース」7700円～をぜひ。食材は猟期などによるため、必ず事前予約を。

iluclu イルクル

## バラエティー豊かな店舗が集う小さな複合商業施設

浜松市西区　map ➡ P91 D-6
☎053-441-6536（寿建設）
浜松市西区篠原町14220-1
P23台

浜松市郊外の国道沿いに建つ小さな複合商業施設。地域の人々が「居る」「来る」を掛け合わせた名称が、なんとも印象的だ。グルメやスイーツ店をはじめ、美容室や鍼灸院治療院、知育玩具のショップに同施設を経営する工務店「寿建設」のミーティングルーム、隣接するカフェ＆雑貨店付きのコインランドリーなど、生活に密着した店舗がずらり。「ぐ～ぐ～サンド」のサンドイッチは、ふんわりしたパンに具がぎっしりと詰まっている。「arbre」のクレープは、スイーツ系からサラダ・総菜系まで20種類以上と豊富にそろう。ハンモックのある1階のガーデン席で、のんびりとくつろぎながら味わって。2020年の春には、玉せんやたこ焼きを販売する軽食店「ぽよん」がオープンした。

---

### arbre

全粒粉の小麦を使ったオリジナル生地のクレープ。チョコやイチゴといったスイーツ系から、カレーやお好み焼きなどの変わり種まで、豊富にそろえる。トッピング+50円で、好きな味を完成させよう。

DATA
☎053-401-0007（LAVANO高塚店）
11：30～18：00
月曜休

---

### LAVANO高塚店

コインランドリー内の雑貨＆カフェスペースは、カレーやホットドックなどの軽食や、ドリンクも充実。ランドリーの待ち時間にうれしいキッズスペースや、スタッフ厳選の雑貨コーナーも人気が高い。

DATA
☎053-401-0007
10：00～18：00
※コインランドリーは年中無休、24時間営業
月曜休※不定休あり

---

### ぐ～ぐ～サンド

三角形のパッケージにサンドイッチ2個で1パック。おかず系の定番からフルーツまで具がたっぷりと詰まっており、食べ応え十分だ。ふんわりとした生食パンのしんなりとした食感もまた心地いい。

DATA
☎053-449-3100
7：00～（売り切れ次第終了）
月曜休、隔週で火曜休
※ほか不定休あり

# いっぷく処横川

天竜区にある人気の道の駅
しいたけが名物

浜松市天竜区　map → **P92 E-5**

☎053-924-0129
浜松市天竜区横川3085
農産物販売所9：00～16：30
めん処横川11：00～15：00
火曜休

浜松市天竜区、秋葉街道沿いにある道の駅。観光客にも人気が高く、週末は多くの人でにぎわっている。農産物販売所では、採れたての地元特産・しいたけをはじめ、野菜や加工品を購入できる。「めん処横川」では蕎麦やうどん、地元の新鮮な野菜の天ぷらもおすすめだ。名古屋コーチンを使った「卵かけごはん」を新メニューに加え、こちらも好評。夏は「流しそうめん」ができるセットがあるので、ファミリーやグループで盛り上がろう。食後は名物「しいたけソフト」を味わうのを忘れずに。

---

**For Lunch**

## めん処横川

うどん・蕎麦などの麺類に、天竜区春野産の自然薯を使った「とろろそば」や季節の天ぷらなど、地元の旬を生かしたネタが登場する食事処。

**DATA** 専用の器具に麺を投入しながら楽しむ「流しそうめんセット」2100円（写真は3人前）

## しいたけソフトクリーム

パウダー状にした原木しいたけをアイスクリームへ練り込んだ名物ソフト。甘さの中に、ほんのり香るしいたけの風味を楽しんで。

**DATA** 「しいたけソフトクリーム」350円。「バニラ味」「しいたけとバニラのミックス味」もある

## 農作物販売所

天竜産しいたけをはじめ、春はフキノトウなど、自然に恵まれた地域で採れた山の恵みを購入できる。お菓子や加工品、花の販売もしている。

**DATA** 5月はタケノコや梅、生山椒など、旬野菜との出合いが楽しみ

---

**For Lunch**

## THE COURTYARD KITCHEN

ランチはすべてブッフェ形式、ディナーのメインはオーダー制で、サイドディッシュ・ドリンク・スイーツはブッフェ形式になる。ライブキッチンで、出来たてを味わえる。

**DATA** ☎053-587-4455　ランチ11：00～14：00LO、ディナー17：00～20：30LO※金・土・22：00※時間制限90分※繁忙期は時間が異なる場合あり

**sweets**

## 五穀屋

五穀おはぎ「はるごと」や発酵さしすせそ羊羹「五季」など、五穀と発酵を組み合わせた和菓子がそろう。和菓子職人がおいしさにこだわり、毎日限定生産している。

**DATA** ☎053-587-7778　9：30～18：00
イートインスペースあり

**amusement**

## くるりの森

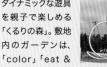

ダイナミックな遊具を親子で楽しめる「くるりの森」。敷地内のガーデンは、「color」「eat & flavor」「relax」「play & joy」の4テーマでゾーニングされている。桜やシマトネリコなどの木陰でおやつを食べたりお散歩したり、過ごし方はいろいろ。

お菓子の新しい文化とスタイル
春華堂のスイーツ・コミュニティ

浜松市浜北区　map → **P90 A-2**

☎053-586-4567
浜松市浜北区染地台6-7-11
9：30～21：30※金・土・22：00
無休※臨時休業あり
●Lunch info
THE COURTYARD KITCHENのランチの価格帯は2178円～　小学生1100円、幼児550円、3歳以下無料

「うなぎパイ」を主力に、全国的にも名高い春華堂の直営店。長年培ってきた技や伝統を生かし、お菓子の新たな文化とスタイルを発信している。ポップな施設内を彩るショップは春華堂のほか、日本伝統の知恵を生かした和菓子「五穀屋」、季節ごとに装いを変える「イベントスペース」がある。レストラン「THE COURTYARD KITCHEN」では、ミシュラン星付きシェフ監修のイタリアンを楽しんで。室内外にはアミューズメントスポットがあり、子どもに人気。

## nicoe ニコエ

パリジェンヌを気取りたくなる、小粋なフレンチカフェ

フランスの日常を切り取ったような雰囲気のカフェ。フランスの郷土料理であるガレットを中心に、クレープやスイーツ、一品料理などを季節の食材で提供する。野菜と果実をたっぷり包んだ「ガレット・ブーケ」と、クレープ生地でバラの花を表現したスイーツ「ラ・ヴィ・アン・ローズ～バラの香りのクレープ～」1200円は、見栄えも華やかなランチ限定メニュー。蕎麦粉100%のガレットランチは8種類の単品メニューのほか、2つのセットメニューから選べる。クレープや、本格フランス菓子を10種類以上も楽しめる「プティフールセット」など、スイーツもおすすめ。

**ガレット・ブーケ　1200円**
ガレット生地からあふれるほど野菜とフルーツを詰め込んだ「ガレット・ブーケ」は、サラダ感覚のヘルシーメニュー。自家製スモークサーモンと季節のフルーツでブーケ風に仕上げている。ランチ限定メニューで、ドリンクが付く。

# Petit ami cafe
プティ アミ カフェ

| LunchTime 11:00～16:00LO |
|---|

**浜松市中区** map ➡ P90 B-6
☎053-452-3330
浜松市中区鍛冶町1-60
アルペンマンション1F
ディナー18:00～22:00LO
テーブル20席、カウンター5席
水曜、日曜の夜休
●Lunch info
ランチの価格帯は1320円～1848円

洋食

## ハンバーグの森
# Green Green
グリーン グリーン

**LunchTime 11:30〜14:00LO**

浜松市中区 | map ➡ P90 B-6
☎053-453-1517
浜松市中区千歳町120
天馬ビル2F
日曜はランチのみ
ディナー18:00〜22:30LO
カウンター9席、テーブル4席
月曜、日曜夜
●Lunch info
ランチの価格帯は1290円〜1390円

デミソース煮込みハンバーグ
1390円

煮込み系は写真のデミグラスのほか、かぼちゃやミネストローネなど、季節ごとの味が楽しみ。夏は、「冷やしハンバーグ」といった変わり種も登場する。カツオダシがベースの冷製スープに入ったハンバーグはあっさり&栄養満点。

黒毛和牛の肉と脂身を調整し、よくこねることで柔らかな食感に仕上げたハンバーグを提供。旨味がソースに溶け込んだ「デミソース煮込みハンバーグ」や、岩塩ほか4種類の薬味を楽しみながら味わう「GreenGreenハンバーグ」（写真左上）など、昼夜同料金で味わえる。浜松の養鶏店から仕入れた卵を使った「だしまきオムレツ」もおいしく、夜は「ちょっと一品DEおつまみ」をぜひ。

肉の旨味がソースに凝縮したアツアツ煮込みハンバーグ

---

化学調味料を使わず、野菜の皮や茎、動物の内臓など、食材の旨味を余す所なく料理に生かすことがモットー。オーナーシェフが厳選した旬の地元食材とフランス産食材を組み合わせたクラシカルかつ遊び心あふれる料理が魅力だ。おすすめのランチは3500円と5000円のおまかせコース。スープ・メイン・ドリンク付きの平日限定ランチは1000円〜とお得。

クラシカルと遊び心を取り入れたフレンチを

フレンチ

# Ma maison
# Ishiguro
マ メゾン イシグロ

**LunchTime 12:00〜14:00LO**

浜松市中区 | map ➡ P90 A-4
☎070-1188-0141
浜松市中区元城町222-25
アルスビル2F
ディナー18:00〜24:00
テーブル10席、カウンター4席
水曜休
●Lunch info
ランチの価格帯は1000円〜5000円

ランチコース 3500円

冷前菜・温前菜・スープ・メインに、パンとデザート、ドリンクが付いたランチコース。贅沢に過ごしたいなら、メインに魚料理と肉料理の両方が登場する5000円コースを味わいたい。（写真はコースの一例）

有機野菜たっぷり山盛サラダ
1100円

ワンプレートにたっぷりの野菜が主役。いろんな料理をちょっとずつ、彩り豊かに添えている。パンや生パスタ・パイ生地・ジャム・ピクルス・スイーツも、すべて自家製。日替わりスープとミニサラダが付く。

手間暇かかった多国籍ランチを、街中の古民家で楽しむ

カフェ＆
ダイニング

## Restaurant
# Kelapa
ケラパ

**LunchTime 11：00〜14：00LO**

浜松市中区　map ➡ P90 A-4

☎053-596-9265
浜松市中区元城町216-20
ディナー18：00〜22：00LO
※金・土曜〜23：00LO
テーブル30席、座敷16席
※BBQテラス併設
水曜休　提携Pあり
●Lunch info
ランチの価格帯は1100円〜2200円

浜松市役所近くのビルの谷間にたたずむ古民家カフェ。全国から有機栽培野菜やオーガニック食材を仕入れ、豊富な多国籍料理に仕上げている。ナシゴレンやカレーといったカジュアルなランチを5種類、熟成豚バラ肉の煮込みやジャークチキンなど、スペシャルなランチを4種類。さらにコースやステーキ、キッズプレートなど、ランチだけでも選び放題だ。料理はジャム一つとっても手間をかけ、自家製を心掛けている。プラスの楽しみ方は、ガーデンバーベキュー。食材は用意してくれるので、手ぶらで集まれる。10名以上で2500円〜、予約で対応する。

### うな重 松 3300円

うな重各種は昼夜ともに同料金。「うな丼ランチ」2000円や「まぶし茶漬け」3000円は、平日限定のお得なメニューだ。うなぎ弁当「浜名湖」1800円も店頭販売。いずれのメニューも漁の状況により、価格が変動する可能性あり。

## お得感がいっぱいの 浜名湖漁業組合直営店

養鰻場と直接取引する浜名湖養魚漁業協同組合の直営店。100%「浜名湖うなぎ」をお値打ちに味わえる。背開きでふんわり仕上げたうなぎは万人受けする甘辛ダレで、県内外の舌を喜ばせる。店内や駅構内のショップでも、うなぎの真空パックやうなぎ弁当の購入可能。お土産や新幹線内での食事など、多彩なシーンで「浜名湖うなぎ」を楽しもう。

鰻料理

### 浜名湖うなぎ
# 丸浜
まるはま

**LunchTime 11:00〜13:00(平日)**

浜松市中区 map ➡ P90 C-6

☎053-454-2032
浜松市中区砂山町322-4
ビックカメラ館
11:00〜20:00LO
テーブル45席
不定休
●Lunch info
料理の価格帯は2000円〜4500円
平日限定ランチあり

---

## 小道を抜けると広がる 心落ち着くカフェ空間

「酒屋あだち」の建物横に伸びる、京都の町家通りをイメージして作られた小道。その先には、店主が営むカフェがある。木をふんだんに取り入れた温かな店内では、サンドイッチやパスタなど6種類の軽食をそろえ、中でも「だし巻き卵サンド」の人気が高い。近隣の「ほしの珈琲」へオーダーした、オリジナルブレンドコーヒーと合わせて。

### だし巻き卵サンド 560円

カツオと昆布の合わせダシで作るダシ巻き卵をサンド。市内「やま市パン商店」のパンを使用している。ランチタイムはドリンクを注文すれば100円引きに。「チーズケーキ」など、土日限定で登場するスイーツも楽しみだ。

喫茶店

# あだち珈琲店
あだちコーヒーてん

**LunchTime 11:00〜14:00**

浜松市中区 map ➡ P90 C-6

☎053-489-3231
浜松市中区砂山町1111
9:00〜19:00※メニューはすべて終日オーダー可
カウンター4席、テーブル10席　水・木曜休　P3台
●Lunch info
単品560円〜990円にドリンクの注文で100円引き

---

### 昼定食 800円

2種類の餃子から選べる「餃子定食」のほか、「しらす丼セット」や「日替定食」を用意。日替わりでは、常連に人気の「本格牛すじカレー」が登場することも。ランチの昼定食はすべて800円で、夜定食は1000円とリーズナブル。

## 昼&夜の定食から 「ちょっと一杯」まで

JR浜松駅南口から徒歩5分。地元食材にこだわった餃子とホルモン、昼と夜の定食が人気。たっぷりの餡を包んだ「浜松餃子」は、野菜7:肉3のバランスの軽い味わい。デートや仕事中でも安心の「無臭餃子」は肉・ニンニク不使用だ。ホルモンは地豚を使用した「遠州豚のホルモン焼き」650円がおすすめ。食事や「ちょっと一杯」にもぜひ。

居酒屋

# えびすだいこくα
えびすだいこくアルファ

**LunchTime 11:30〜14:00**

浜松市中区 map ➡ P90 C-6

☎053-458-3972
浜松市中区砂山町324-18
ディナー17:30〜22:00LO
カウンター16席、テーブル4席
日曜、祝日休
●Lunch info
昼定食は800円（土曜も可）、夜定食は1000円

北海道・福井県産の蕎麦粉を石臼で自家製粉。北海道ウトロの漁師から直送される羅臼昆布、遠赤外線焙煎した枕崎産のカツオ節、伊豆天城山の本わさびなどを厳選している。「竹の子蕎麦」「椎茸蕎麦」など、季節限定メニューも楽しみの一つ。地酒や焼酎も豊富で、「蕎麦の実サラダ」900円や「蕎麦焼き味噌」670円といった蕎麦前も充実している。

## 厳選素材を生かした蕎麦と美酒、珍味を楽しめる粋な店

（蕎麦）

### 手打ち蕎麦
### ——
いち

| LunchTime 11:30〜14:30 |

浜松市中区　map ➡ P90 D-6

☎053-458-2110
浜松市中区砂山町333-10
ネットプラスビル1F
ディナー18:00〜21:00
※売り切れ次第終了
テーブル24席
月曜休　P5台
●Lunch info
ランチは「そば一御膳」1980円のみ
昼夜共通単品メニュー

浜松街中

### 百合根のかき揚げせいろ 1560円
十割蕎麦とゆり根のかき揚げが付いた季節限定メニュー。ほの辛いつけ汁と合わせて召し上がれ。十割や田舎蕎麦などから麺を選べる「蕎麦一御膳」1980円は、天ぷら・炊き込みご飯・小鉢・茶碗蒸し・豆腐・デザート付き。

---

昭和へタイムトリップした気分になれる喫茶店。店主の両親が昭和後期から平成にかけて営んでいた店の備品やインテリアをそのまま生かしている。ホットサンドやパスタにカレーなど、10種類の喫茶メニューと豊富なドリンクがずらり。中でも「昔ながらのナポリタン」の人気が高く、硬めのプリンにビターなカラメルを添えた「茶居家のプリン」450円のファンも多い。

## 扉を開けば昭和の香り、郷愁を誘うレトロな料理

（喫茶店）

### 喫茶
### 茶居家
チャイカ

| LunchTime 11:30〜15:00 |

浜松市中区　map ➡ P90 A-5

☎053-571-1346
浜松市中区利町305-6
11:00〜18:00
カウンター7席、テーブル11席
木曜休
●Lunch info
ランチの価格帯は600円〜
料理に+600円でサラダと選べるドリンク付き

### 昔ながらのナポリタン 850円
白ワインで蒸した野菜に、ケチャップやバター、バジルなどで味付け。鉄板にひいた半熟卵が味全体をマイルドにしている。多くのスパイスを使い、豊富な材料がスープに溶け込んだ「茶居家のスープカレー」（写真左）950円

## 5種のおかずから選べる膳 1518円～

「チキン南蛮」や「サーモンのねばねば」など、5種類のおかずから2品選べる昼夜共通メニュー。自然薯か大和芋で値段は変わる。3つのおかずと小鉢が付いた「欲張りランチ」は限定30食で1100円～。麦ご飯はおかわり自由。

## 心と体がホッとする とろろが主役の和ごはん

自然薯と大和芋から選べるとろろ汁と、和のおかずが人気の定食屋。昼夜ともに、豊富なセットメニューがそろう。山口県の契約農家から仕入れる自然薯は、強い粘りと鼻から抜ける風味がたまらない。大和芋は千葉県の指定農家から仕入れ、ダシの風味を効かせた優しい味。とろろ汁はすべて店内で手ずりをし、出来たての味を提供している。

和食

### 和ごはん とろろや メイワン店
とろろや メイワンてん

LunchTime 11:00～16:00

浜松市中区　map ➡ P90 C-6

☎053-413-1466
浜松市中区砂山町6-1
浜松駅ビルメイワン7F
11:00～21:30LO
カウンター8席、テーブル72席
メイワン休館日に準ずる
メイワン提携駐車場は2000円以上の利用でサービス券あり
●Lunch info
ランチの価格帯は1067円～
終日共通セットあり、麦ご飯はおかわり自由

## モッツァレラがトロリ アボカドバーガー

アメリカンスタイルの料理を楽しめる店。ほどよく熟したアボカドの食感、モッツァレラチーズの濃厚さ、スイートレリッシュの甘み、溶岩石でふっくらと焼いた肉の旨味が調和した「アボカドモッツァレラチーズバーガー」が人気の逸品。野菜や果物で半日マリネした肉を低温調理で仕込み、再度焼いて提供するスペアリブは、香ばしくてジューシーだ。

## アボカドモッツァレラ チーズバーガー 1430円

「ハンバーガー」や「レッドチェダーチーズバーガー」など、7種類のハンバーガーや「パストラミビーフサンドイッチ」から選べば、ドリンクがお得な値段になるランチ。「ジューシースペアリブ」（写真左）1760円は、夜の単品メニュー。

アメリカン

100% KRAFT DINING
### HighMeal
ハイミール

LunchTime 11:30～14:30LO

浜松市中区　map ➡ P90 B-4

☎053-525-9552
浜松市中区常盤町143-27 エバーグリーンプレイス2F
ディナー18:30～22:30LO※土・日曜、祝日は通し営業
カウンター8席、テーブル33席　無休　P5台
●Lunch info
ランチの価格帯は990円～1760円

## 鳥西京焼&漬け卵黄丼 1100円

鶏肉に染み込んだみその香りが味わうごとにふわり漂う。肉の弾む食感が心地よく、卵黄と絡めながら味わって。単品は970円、サラダとみそ汁のセットは上記価格。赤ワインやトマト、そぼろなど、鶏肉をテーマにした丼が登場する。

## ご飯をかき込みたい！ 西京焼き&漬け卵黄丼

創業から100余年の老舗の料理は、脂肪分の少ないブランド鶏「鶏一番」を使ったメニューがそろう。ランチは水・木・金曜のみで、3種類を数量限定で提供。鶏肉や卵黄に味が染み込んだ「鳥西京焼&漬け卵黄丼」が人気で、「鳥味噌煮温玉丼」は、伝統の「鳥味噌鍋」の味を気軽に楽しんで欲しいと考案した。「親子丼」は定番メニュー。

日本料理

### 鳥料理・博多水炊き 鳥徳
とりとく

LunchTime 11:30～13:00LO

浜松市中区　map ➡ P90 B-6

☎053-453-2203
浜松市中区千歳町56
ディナー17:00～22:30LO
カウンター10席、座敷4席、
テーブル席24席（2F）
日曜、祝日休
●Lunch info
ランチの価格帯は1000円～1100円
ランチは水・木・金曜のみ

## 日替わり定食 500円

牛・豚・鶏と、いろいろな肉料理との出合いが楽しみ。この日の定食は、アツアツの鉄板で登場する「トンテキ」。+100円で、ご飯を大盛りにもできる。「牛のハラミ丼」（写真左）など、丼物が登場する日もある。

肉料理

# 浜名屋食堂
はまなやしょくどう

**LunchTime 11:00〜13:30LO**

浜松市中区　map ➡ P90 A-5

☎080-4858-0999
浜松市中区利町305-1
ディナー17：00〜19：00LO※木・金・土曜のみ、要事前予約
カウンター9席、テーブル4席
日曜、祝日休※水曜不定休あり
●Lunch info
ランチの価格帯は500円〜600円
ランチは売り切れ次第終了

縦書き：肉好きが毎日通いたくなる昼限定・日替わり肉ランチ

高品質の肉をワンコインで味わえるのは、老舗精肉店「浜名屋」の直営店だからこそ。「シンプルで、ご飯が進む」をテーマにした日替わり定食を提供する。一番人気はニンニク醤油を絡めた三元豚の「トンテキ」。「みそ豚」「タンドリーチキン」など、毎日通っても飽きることなく、いろいろな肉料理と出合うことができる。SNSでその日のメニューをチェックしてから出かけよう。

---

## ランチB 1100円

もりまたはかけ蕎麦に、各種丼が付くA〜Cのランチセット。写真は天丼が付くBセットで、ほか野菜天丼や卵丼から選べる。定番の蕎麦に天ぷらなどが付いた定食スタイルのメニューも人気が高い。

蕎麦

# 信州手打そば
# 奥村
おくむら

**LunchTime 11:30〜14:30**

浜松市中区　map ➡ P90 B-6

☎053-452-7117
浜松市中区鍛冶町1-46
ディナー17：00〜20：00
カウンター4席、テーブル8席、座敷10席
月曜、最終火曜休
●Lunch info
ランチの価格帯は1100円〜2000円
平日限定で和スイーツのサービスあり

縦書き：のど越しの良い細めの蕎麦をランチでお得に味わう

「毎日食べても飽きのこない蕎麦」をモットーに、信州で修業した店主が蕎麦を打ち続けて10年以上。外二（そとに）と呼ばれる蕎麦粉10、つなぎ2の割合の蕎麦を味わえる。歯切れやのど越しが良く、甘さ控えめのつゆとよく絡む。店主が日本料理出身のため、「揚げそばがき」「そばの実入り焼味噌」など、目でも楽しめる蕎麦前も上質だ。予約制の蕎麦懐石は、ディナー限定。

### 山葵御膳 1800円

1日10食限定で、内容は季節ごとに変更。食前酒・小鉢を9種類添えた篭盛り・天ぷら・ご飯・みそ汁・甘味が付く。食前酒はノンアルコールドリンクへの変更も可。夜の一品料理「刺身三点盛り」(写真左)1人前1598円。

## まるで宝石箱のよう
## 四季彩豊かな山葵御膳

いろいろな味を少しずつ添えた「山葵御膳」。ゴージャスな見た目に心が躍り、本格的な味にも納得する。自慢の魚は地元を中心に天然物を仕入れ、野菜は地元産が中心。厨房では毎日、昆布とカツオでダシをひき、その日のみそ汁や煮物に仕立てるなど、地道な伝統技が生かされている。夜は厳選された日本酒とともに、豊富な一品料理を楽しみたい。

和食

#### 色彩和房
# Wasabi
わさび

| LunchTime 11:30〜14:00LO |

浜松市中区　map ➡ P90 B-5
☎053-458-5585
浜松市中区田町325-38
笠井屋ビルディングアネックス3〜5F
ディナー17:00〜23:00 (22:30LO)
4Fカウンター9席、半個室14席、
VIP個室8席※3Fは60人まで可
月曜休
丸八パーキング1時間サービス券進呈
●Lunch info
ランチの価格帯は1600円〜2500円

---

## ふんわり卵の美しさ
## 王道フォルムの一皿

かつての百貨店「松菱」内で営業をしていた老舗店。場所を移した今も、幅広い世代から支持されている。豊富なメニューの中で人気なのは、名物のふわとろオムライス。ご飯をふっくらと包む卵は、国産鶏「さくら」を贅沢に約3個分使って半熟状態に。カレー・デミグラス・トマトクリーム・ミートソース・ケチャップから選べるソースのバリエーションも楽しい。

### チーズinオムライス 913円

ランチタイム以外は単品935円。写真のカレーソースは、スパイシーさと優しいとろみが絶妙にマッチする。「本日の日替わりランチ」858円や、7種類のメニューから1品を選べば、ドリンクが110円になるサービスも。

洋食屋

#### オムライスキッチン
# Suma Spoon
スマ スプーン

| LunchTime 11:00〜15:00 |

浜松市中区　map ➡ P90 B-5
☎053-413-3511
浜松市中区鍛冶町100-1 ザザシティ浜松中央館1F
11:00〜20:00LO※祝日を除く、月〜金曜の15:00〜17:00
はティータイムでドリンクとデザートのみ　テーブル26席　休み
はザザシティに準ずる　提携駐車場あり　paypayのみ対応可
●Lunch info
すべてのランチメニューに選べるドレッシングのサラダ付き、
+110円でドリンクセットあり

---

### 本日のランチ 1500円

アミューズ・メインディッシュ(肉または魚のおまかせ)・小さなデザート・コーヒー・パンが付くカジュアルな「本日のランチ」のほか、3種類のランチコースがあり2700円〜5000円。
※写真はランチのイメージカット

## 本格創作フレンチを
## 自分へのご褒美に

浜名湖オーベルジュキャトルセゾンの姉妹店。長年培った伝統技法と、ミシュランガイドで星を獲得した京都祇園「レストランよねむら」監修料理が融合した創作フレンチをラグジュアリーな空間で楽しめる。ランチはカジュアルから上質まで、シーンで選べる4種類を用意。日常のランチから特別な日のディナーまで、贅沢なひとときを楽しんで。

フレンチ

# Les Quatre Saisons Hamamatsu
キャトル セゾン はままつ

| LunchTime 11:30〜13:30LO |

浜松市中区　map ➡ P90 B-4
☎053-413-0880
浜松市中区田町223-21
ビオラ田町1F
ディナー17:30〜20:30LO
カウンター10席、テーブル48席
火曜休※祝日は営業
●Lunch info
ランチの価格帯は1500円〜5000円
週末は限定20食のシェフおまかせ厳選食
材のコースランチあり。「セミコース (5皿)」
3500円、「フルコース (6皿)」5000円

夢 4500円

ランチは内容が選べる「丼」3500円と、握り寿司がメインの「夢」と「遊」（写真下）7500円の3種類。「夢」は、前菜・握り寿司10貫・赤ダシ・甘味が付く。甘味も好評で、写真下はフルーツを添えた「丹波篠山白あずき 豆乳プリン」。

絶景が広がる天空の寿司店で、美食と向き合う贅沢を心ゆくまで

寿し半 和楽
すしはん わらく

LunchTime 11:00〜14:00LO

浜松市中区　map ➡ P90 D-5

☎053-459-0788
浜松市中区板屋町111-2
オークラアクトシティホテル浜松31F
※土・日曜、祝日は14：30LO
ディナー17：30〜21：00LO
カウンター8席　無休
※アクトシティ地下駐車場を利用すると利用金額に応じて駐車サービス券を進呈
●Lunch info
ランチの価格帯は3500円〜7500円

オークラアクトシティホテル浜松内31階にある寿司の名店。浜松の街を一望できる非日常空間で、特別な時間を過ごせる。遠州灘の天然マダイや生シラス、浜名湖産のコハダや穴子など、質と鮮度にこだわり提供するネタは、静岡県産を中心に吟味。季節に応じた素材本来のおいしさを実感できる。「ネタとのバランスが大事」という店主こだわりのシャリは、口の中でほどける食感。寿司ネタにしょうゆを自ら塗ることのできるハケが用意され、つけすぎを防いで見た目も美しく味わえる。カウンター8席のみの店内で、夜は寿司会席を楽しみたい。

38

## 牛ロース＆白金豚ロースセット 1760円

ランチセットは1320円～で、ご飯のお替わり自由。国産豚をはじめ、松坂牛、松坂豚などのブランド肉メニューもそろい、しゃぶしゃぶと同料金ですきやきも味わえる。すべての食材にこだわった、安心・安全の食事を楽しんで。

## 白金豚の豊かな旨味をしゃぶしゃぶで実感

豚や牛しゃぶ、すきやきといった鍋料理を一人に一つの鍋で提供。岩手県花巻産「白金豚」を味わえる県内では希少な店だ。各テーブルにセットされた銅鍋に、旬の野菜盛り合わせを投入。好みの具合にしゃぶしゃぶした肉は自家製ゴマダレやポン酢で、しめは中華麺・梅がゆ・ご飯から選べる。しゃぶしゃぶは持ち帰りメニューも取りそろえている。

和食

## しゃぶしゃぶ専門店
# しゃぶせい

**LunchTime 11:00～15:00**

浜松市中区　map → P90 D-5

☎053-488-7333
浜松市中区板屋町111-2
浜松アクトタワーB1F
ディナー17:00～22:00(21:00LO)
テーブル10席、カウンター23席
無休（館内定休日12/31～1/1）
●Lunch info
ランチの価格帯は1320円～3630円
好みの肉・野菜盛り合わせ・タレ2種類・中華麺・ご飯（お替わり自由）がセット

## 希少なロシア料理で40年以上続く名店

日本人になじみの深いメニューがそろう、異国情緒たっぷりのロシア料理店。ランチはカジュアルから充実したコースまで、4種類を用意。加えて、週替わりのメインが楽しみな「シェフのおすすめランチ」1100円～も好評だ。合挽き肉とエビのミンチに野菜を加えたピロシキは、軽やかなテイストがたまらない。濃厚なボルシチは、きのこスープへの変更も可能だ。

## アルメニア 1500円

夜のコース「ボルガ」2000円のランチバージョン。田舎風ボルシチ・ピロシキ・野菜サラダ・つぼ焼ききのこ・ロシア紅茶またはコーヒーが付く。「ピロシキ」など、単品料理もディナーよりもランチの方がお得な料金になる。

ロシア料理

## ロシア料理レストラン
# サモワァール

**LunchTime 11:00～14:00LO**

浜松市中区　map → P90 B-6

☎053-453-6507
浜松市中区平田町58-1
ディナー17:00～21:00LO　テーブル43席、個室12席
火曜休※祝日は営業
利用金額に応じて提携駐車場のサービス券あり
●Lunch info
ランチの価格帯は900円～3000円

## なの蔵の日替わり惣菜定食 935円

メインのおかずと、日替わりの総菜3種類の定食。米は合鴨農法で育てた白米・玄米・十穀米から選べ、大盛りは無料でOK。ランチを注文すれば有機豆のホットコーヒーが110円、季節のアイスクリームを220円で付けられる。

## 安心素材の料理の数々日替わりやコースでも

和モダン空間とヘルシーな料理で人気の店。全国の市場からは天然地魚を、契約農家からは無農薬野菜や合鴨農法米を仕入れ、調味料はオーガニックを使うという徹底ぶり。ランチは825円～で、ゆっくり楽しみたいならランチコース1650円～（2人以上）がおすすめ。前菜から出来たて豆腐、メイン料理にデザートまで5品が付き、前日までの予約制。

居酒屋

# なの蔵
なのくら

**LunchTime 11:30～14:00**

浜松市中区　map → P90 B-5

☎053-455-2831
浜松市中区田町329-18
ディナー18:00～24:00
※月・土曜、祝日17:00～
テーブル20席、カウンター6席、座敷40席
日曜休※月曜が祝日は営業、翌月曜休
ランチ以外は、キャッシュレス決済可
●Lunch info
ランチの価格帯は平均935円
ランチは火～金曜のみ

## はままつ楽市 はままつらくいち

浜松市中区 map ➡ P90 B-5

☎053-459-3333
浜松市中区鍛冶町100-1
ザザシティ浜松中央館1F
日〜木曜、祝日10：00〜22：00、
金・土曜〜23：00
営業時間は各店舗で異なる
テーブル約160席
ザザ中央館の定休日に準ずる

### 地のもの、うまいものの台所に浜松グルメが集合

ビストロにデリカ、浜松餃子など、浜松を代表する10店舗以上の人気グルメ店が一堂に集まる、ザザシティ浜松中央館の1階にあるフードホール。イートインスペースは2か所に分かれ、北エリアはスタイリッシュ。南エリアはカジュアルな雰囲気を楽しめる。洋食なら、浜松っ子に人気のベーカリー「シャンボール」で、パンにマッチするビストロ料理をぜひ。スイーツは、浜松の老舗フルーツ店が営む「トレピーニ」で、旬の果実たっぷりのパフェやフルーツサンドを。市内の人気カフェであるパセレッティ直営の「APPLE CHAN」では、アツアツ&サクサクのアップルパイを味わって。ワインなど、各種アルコールも用意。週末は23時まで営業しているので、飲み会での利用もぜひ。

---

## APPLE CHAN

市内のパン屋「ルビュール」のパイ生地に、キャラメルで煮込んだリンゴ半分と、チャイを練り込んだ自家製カスタードクリームがたっぷり。ポルチーニソース仕立ての「ミートパイ」も用意している。

DATA ☎053-488-4488（百-MOMO-）
10：00〜22：00、金・土曜〜23：00
「アップルパイ」「ミートパイ」ともに480円

## まつもとフルーツ・トレピーニ

確かな目利きで仕入れた果実を使ったスイーツを存分に味わえる。10種類以上の果実を盛った「トレピーニパフェ」や「フルーツサンド」、スロージューサーで搾る「フルーツジュース」も人気。

DATA ☎053-401-3100
11：00〜21：00
ドリンクとのお得なセットあり

パフェもおすすめ!

## CHAMBORD

自慢のベーカリーを生かしたフレンチトーストやサンドイッチ、ハンバーグやシチューなど、ビストロ系の料理がずらり。ランチにはスープ・プチデザート・ドリンクが付き、フランスパンのおかわり自由。

DATA ☎053-456-1600
10：00〜22：00、金・土曜〜23：00
ランチ10：00〜15：00

## えんてつダイニング

### 地元グルメから全国の人気店まで多彩なおいしさが勢ぞろい

2020年2月に浜松市内で人気の本格ハンバーガーと極上の赤身ステーキが楽しめる「ザ ハイミール ダイナー」が遠鉄百貨店8階レストラン街に登場。静岡県内34店舗の各店で長蛇の列をなす人気店「炭焼きレストランさわやか」や、山形県の契約牧場から最高級山形牛を一頭買いする本格焼肉専門店「山形牛焼肉牛兵衛草庵」など、10店舗がそろう。デパートでの買い物中や、夜23時まで営業する店もあり、各種宴会にも絶好の立地。各店お得なコースや、貸し切りができる店も魅力だ。

浜松市中区 map ➡ P90 C-6
☎053-457-0001
浜松市中区砂山町320-2
遠鉄百貨店 本館8階 レストラン街
11：00〜23：00
※一部店舗は〜22：00
無休※遠鉄百貨店休館日に準ずる

### For Lunch

**ザ ハイミール ダイナー**

本格ハンバーガーはランチ・ディナーともに20種類。極上赤身ステーキやスペアリブ、デザートも豊富にそろう。飲み放題付きのコースもおすすめ。

DATA ☎053-482-8838　11：00〜23：00（22：30LO）ランチ1300円〜、ディナー1800円〜
※各種パーティーでの貸し切り可

**鼎's by JIN DIN ROU**
ディンズ バイ ジン ディン ロウ

「小籠包ダイニング」をテーマに、点心類と京鼎樓（じんでぃんろう）の本格料理が魅力。1人からファミリー、宴会まで幅広く利用できる。

DATA ☎053-543-5800
11：00〜23：00（22：00LO）
ランチ1200円〜、ディナー1500円〜

**炭焼きレストランさわやか**

炭焼きハンバーグ中心のレストラン。「げんこつハンバーグ」は、目の前でジューシーに焼き上げる。炭焼き料理で、「だんらん」を楽しんで。

DATA ☎053-456-3113
11：00〜23：00（22：30LO）
ランチ900円〜、ディナー1300円〜

---

### 路地裏にあるシェア屋台スペースでチャレンジショップを応援しよう

浜松市中区 map ➡ P90 A-5
☎053-455-0808
（丸八不動産）
浜松市中区神明町314-6
各店舗の営業時間は、
HPを要確認
テーブル20席

## 肴町Little さかなまちリトル

浜松市街のビルの隙間にひっそりとたたずむ隠れスペース。個々の店主が小さな屋台を曜日や時間でシェアする、新感覚のコミュニティー空間だ。食事は「sonogo no kakeru」や「DAN CURRY」でラーメンやカレーをぜひ。ともに期間限定メニューで楽しませてくれる。カフェタイムには紅茶専門店「Southern Cross Jr.」でほっこりと。週末は点心と自然派ワインの組み合わせを提案する「しょぼくれ夕日飯店」で、気軽に飲み語らうのも楽しい。

### For Lunch

**sonogo no kakeru**

主力メニューは濃厚豚骨魚介つけめん。中でも辛みが強い「トン辛節のつけめん」がいちおし。化学調味料不使用で、素材の風味を生かした1杯にファンが多い。

DATA　11：30〜14：00、金・土曜は夜も営業18：00〜21：00
月曜休※不定休あり　火曜のメンズデーは大盛り無料、木曜のレディースデーは1杯500円

**DAN CURRY**

旬と地元の素材を生かせるよう、スパイスを調合した本格カリーの店。「南インド風チキンカリー」など、同じインドでも地方で異なる味わいを発見できる。

DATA　11：30〜14：00、18：00〜21：00　月曜休※不定休あり
「南インド風チキンカリー」800円、「DAN CURRY 二種盛り」1200円など

**しょぼくれ夕日飯店**

点心と旬の自然派ワインを気軽に楽しめる屋台。自然派ワインを飲んだことのない人や、ワインが苦手と感じている人にこそ試して欲しい。月に1度のランチも楽しみ。

DATA　おもに金土19：00〜23：00
※不定休　月に1度の日曜に「限定ランチセット」1200円あり（9：00〜14：00）
中国茶、自然派ワインなど

### For Drink

**Southern Cross Jr.**

フレーバーティーを中心とした浜松では珍しい紅茶専門店。1杯ずつを茶葉から丁寧に抽出した紅茶は、茶葉のアロマで心身ともに癒やされる。ホット・アイスあり。

DATA　11：30〜14：30　水・木曜のみ営業　「HOTストレート」350円、「ICEストレート」370円、「ミルクティー」360円、「ティーソーダ」370円など

浜名湖のほとりで味わうホテルメイドの上質ランチ

**KIARAプレートランチ**
**2750円**
メインを肉または魚から選べるワンプレートランチ。野菜をふんだんに使ったプレートのスタイリッシュな盛り付けにも注目して。デザートの見た目の美しさやおいしさも好評。ミニマムな内容なので、女性のお腹にちょうどいい。

洋食

### RESTAURANT&BAR
### CIEL BLEU
シエル ブルー

**LunchTime 11:30〜14:00**

浜松市北区　map ➡ P91 A-3

☎053-528-0130
浜松市北区三ヶ日町下尾奈366-1
ディナーは会員のみ
テーブル48席
無休
P22台
●Lunch info
ランチの価格帯は1980円〜5500円

ランチならビジターでも立ち寄れる、会員制リゾートホテル「KIARAリゾート&スパ浜名湖」内のレストラン。浜名湖のほとりのテラス席は、優雅なリゾート気分に浸れるスペシャルシートだ。ぜひ味わいたいのは、「三ヶ日みかん」の皮を飼料に、ストレスフリーで大切に育てられた地元の牧場から届く「JA みっかび牛」の料理。すっきりとした脂が特徴で、「ステーキ」をはじめ、「ローストビーフ丼」「カレー」などの気軽な一品でも堪能できる。2020年8月には会員制ホテルのゲストルーム30室や、新レストランも加わりグランドオープンする。

自然派食品の販売店に併設するフレンチ＆イタリアン。「心と体にやさしい創作料理」をコンセプトにランチのみ営業する。熱々の鍋でテーブルに届く「魚介のスープカレー」は、セットのフォカッチャをスープに浸し、最後の一滴まで味わいたい。「錦爽鶏のコンフィ」や4種類のアヒージョといったセットメニューに加え、パスタやピザなど、単品メニューも充実している。

## 緑豊かな引佐で魚介たっぷりの欧風料理を味わう

 欧風料理

# COCORO 前嶋屋ダイニング
こころまえじまやダイニング

**LunchTime 11:30〜14:00**

浜松市北区 **map ➡ P91 A-1**

☎053-544-0735（前嶋屋）
浜松市北区引佐町東黒田649-17
11：30〜14：00
※夜は予算・人数に応じて予約可
テーブル12席、座敷16席
月・火曜休※不定休あり　P12台
●Lunch info
ランチの価格帯は1000円〜2000円
単品メニューにサラダセット、ドリンクセット各200円
予約制おまかせコース料理3000円〜

**魚介のスープカレー 2000円**
エビやアサリなど、約8種類の魚介が入ったカレーは、辛さ控えめ。自家製フォカッチャとサラダ、ドリンクが付く。「本日の魚料理」時価1300円〜（写真上）は、ライス・サラダ・ドリンク付き。この日は「メバルのアクアパッツァ」。

---

 ピザ＆パスタ

天浜線金指駅石窯焼ピザ
# piazza
ピアッツァ

**LunchTime 11:00〜14:00LO**

浜松市北区 **map ➡ P91 D-2**

☎053-542-2200
浜松市北区引佐町金指1033-2
ディナー17：30〜20：00LO、
土曜〜20：30LO
テーブル23席、カウンター3席
火曜、第1・3水曜休※不定休あり
P12台（金指駅共同）
●Lunch info
単品1200円〜2200円にはすべてフリードリンクとフリースープ付き

## 天浜線金指駅で出合える世界レベルの石窯焼きピザ

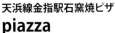
**マルゲリータ モッツァレラ 1600円**
メインのピザに、フリードリンク・フリースープ・サラダ付きでこの価格。写真はふっくら焼き上げたナポリタイプをチョイス。モッツァレラチーズの酸味と甘み、鈴木農園から取り寄せたバジルがさわやかに香る。

天竜浜名湖鉄道・金指駅舎内のピザ＆パスタ店。「世界ピザ職人選手権大会」に出場経験を持つ店主の和田穂高さんが腕を振るう。焼きたてが届く石窯焼きのピザは、生地が薄めのローマタイプと、モチモチのナポリタイプの2種類。グランドメニューをピザ12種類、パスタ9種類そろえ、すべての料理にサラダ1皿とフリードリンク、フリースープが付く。

きじ鍋 2420円

深いルビーレッドの赤身と黄色みがかった脂肪が、味の力強さを物語るきじ肉。あっさりしていてクセがなく、ジビエ初心者にもおすすめだ。写真は2人前。写真下は豚肉3種類の「ジンギスカン」1595円と「とんてきセット」1518円。

低カロリーでヘルシーなきじ鍋を濃厚スープで雑炊まで

きじ料理

きじ料理 ジンギスカン
**きじ亭**
きじてい

**LunchTime 11:00～17:00LO**

浜松市北区　map ➡ P91 C-1

☎053-543-0138
浜松市北区引佐町奥山1594-22
土・日曜、祝日11:00～19:00LO
テーブル100席、畳34席、
掘りごたつ104席、座敷164席
無休※12/28～31休
P60台※観光バス15台
●Lunch info
ランチの価格帯は880円～3630円
平日限定の食べ放題1100円も人気

きじ肉を名物に、地元奥山産の豚肉や「特選和牛静岡そだち」など、個体や部位もさまざまな肉を、いろいろな味わい方で楽しめる。低カロリー高たんぱくのきじ肉は鍋が一番人気。火が通ったモモ肉を溶き卵と合わせてすき焼き風にして味わう。セットの「胸肉の刺身」は、生姜醤油でさっぱりと。素材の旨味を生かしたしめの雑炊まで、最後までじっくりと堪能しよう。「きじ寿司」や「きじ釜飯」も、市内では希少な味わい方。やわらかな食感のトンテキなど、豚肉や牛肉はジンギスカンで食べるのもまた楽しい。ラム肉もそろえ、セットで100g1265円～。

### ドレス・ド・オムライス 1760円

オムライスやパスタ、ピッツァなど、豊富なメニューから一皿選べば、大久保野菜が中心の野菜ブッフェとドリンクバーが付く。土日祝限定で、浜松の銘柄牛「峯野牛のステーキ」などの肉料理も。昼1760円〜、夜1980円〜。

## 店内でゆっくりと
## テラスでアクティブに

店から半径10km圏内から仕入れた食材を使う、「フードマイレージ」を心掛ける店。増えすぎた地域の竹を粉末にし、パスタやパンに練り込んでいる。ドレッシーな見た目のオムライスが名物で、地元引佐町の峯野牧場から届く「峯野牛」を使ったメニューなど、地域資源を生かした料理がずらりとそろう。BBQやピッツァ作りなど、体験テラスも大人気。

### 緑の谷のごちそうテラス
# CoCoChi
ここち

| LunchTime 11:00〜15:00 |

**浜松市西区** map ➡ P91 D-5
☎053-489-3273
浜松市西区大久保町1173
カフェ14：00〜17：00
ディナー17：00〜21：30
テーブル50席（掘りごたつ含）、
テラス22席
無休　P46台
●Lunch info
ランチの価格帯は1760円〜2640円

## 味わい深いカレーと
## 畑のごちそうサラダ

ニンジンベースで甘口の「トマトクリームカレー」と、ほんのりスパイシーな「太陽カレー」の2種類が看板メニュー。アメリカ南部のケイジャンスパイスをベースに、野菜と香辛料のみで作っている。米は三方原産7分付き胚芽米「ヒノヒカリ」。生・ボイル・素揚げ・マリネした地場野菜を10種類以上盛った「畑のごちそうサラダ」もボリュームたっぷりだ。

### 本日のランチ 1760円

トマトクリームカレー・サラダ（畑のごちそうサラダ）・ロールケーキ・ドリンク付き。3種類のトッピングが選べ、写真はカリッとジューシーな「揚げ鶏」をチョイス。引佐牛乳を使ったスイーツ「太陽ロール」の人気も高い。

# タイヨウコーヒー

| LunchTime 11:30〜14:00LO |

**浜松市北区** map ➡ P91 D-2
☎090-1234-7739
浜松市北区細江町気賀2287-10
8：00〜18：00、モーニング8：00〜10：00
テーブル22席　水曜、第3木曜休　P21台
●Lunch info
ランチの価格帯は1500円〜2000円

### うなぎパイと浜松野菜の
### サラダ仕立て&春華堂
### ホットブレッド 1375円

クラッシュしたうなぎパイを和えたサラダと、菓子職人こだわりのスペシャルブレッドのセット。ホットブレッドは3種類から選べ、写真は「クロックマダム風目玉焼きのっけ」。ほか、「4種のチーズブレッド」「ハニーブレッド」がある。

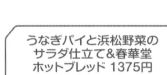

## うなぎパイの可能性を
## 新発見できるカフェ

「うなぎパイファクトリー」の2階にあるカフェ。知名度の高いうなぎパイのイメージとはひと味違う、工夫を凝らしたメニューがそろう。ドーム状のチョコレートの上からホットチョコレートを流して味わう「4種のうなぎパイ&メルティングショコラセット」など、変わり種スイーツが注目の的。「ホットブレッド」や「うなぎお月見丼」といった食事メニューを昼食にぜひ。

# UNAGI PIE CAFE
うなぎパイカフェ

| LunchTime 9:30〜17:00LO |

**浜松市西区** map ➡ P91 D-5
☎053-482-1765
浜松市西区大久保町748-51
うなぎパイファクトリー2F
9：30〜17：30（17：00LO）
※7・8月は18：00まで営業
テーブル74席
無休※不定休あり　P30台
●Lunch info
ランチの価格帯は1070円〜2530円

## 生しらす三昧定食 1880円

「鮮度が命」の浜名湖産・生しらすは夏が旬。生しらす丼・生しらすかき揚げ・しらすおろしがセットになった定食を存分に楽しもう。+300円で生しらす増量も可能。夏は「舞阪ハモコース」も登場。2人以上5500円〜で要予約。

## 浜菜坊
はまなぼう

| LunchTime 11:30〜14:00 |

(浜松市西区) map ➡ P91 C-6

☎053-592-1676
浜松市西区舞阪町弁天島3101
ディナー17:00〜21:00 (20:30LO)
テーブル10席、カウンター6席、
掘りごたつ座敷4席、宴会座敷46席
火曜、第2水曜休※臨時休あり　P22台
●Lunch info
ランチの価格帯は1936円〜2398円
昼夜共通セットは1573円〜

地元舞阪港で獲れた一級品の旬魚介を豊富な定食や丼で

近くに舞阪漁港があり、いつでも地元の新鮮魚介が味わえる店。質はどれも一級品で、うなぎをはじめ、生しらす・とらふぐ・ハモ・あさり・牡蠣といった「浜名湖名物」を使った料理がずらりそろう。ランチで人気は、「松花堂弁当」や「刺身定食」。昼夜共通の定食や御膳も充実し、夏は生しらす丼、冬は牡蠣カバ丼など、季節ごとの旬の味覚との出合いも楽しみ。

---

アメリカンフードを楽しめる店は、弁天島シンボルタワーの目の前。牛肉100%のハンバーガーや、遠州黒豚を使ったご当地バーガーと出会える。ハンバーガーはどれも、ワインベース・バッファロー・サルサ・ケイジャンの4種類からソースを選べ、遠州黒豚のみテリヤキソースもチョイスできる。バーガーとロコモコなどのライスメニューは、+200円でドリンクセットに。

浜名湖の絶景と具材たっぷりのハンバーガーを楽しむ

## Resort cafe
## LEADER 弁天島店
リーダーべんてんじまてん

| LunchTime 11:30〜15:00LO |

(浜松市西区) map ➡ P91 B-6

☎053-596-1873
浜松市西区舞阪町弁天島3775-10
ディナーは15人以上のコース・貸し切り予約のみ対応 テーブル60席　水曜休
2輪バイク駐車場無料　弁天島海浜公園内駐車場410円（時間制限なし）※店頭にて駐車券を280円で購入可能
●Lunch info
単品に+200円でドリンクセットあり

## 牛肉100%
## スペシャルバーガー 1518円

チーズ・ベーコン・エッグ・アボカドが入ったボリューミーなバーガー。+550円でトッピングのチーズソースをかけられる。スイーツも充実しており、ホワイトソースをまとった「マカダミアパンケーキ」（写真下）968円の人気が高い。

**白いロースカツ定食
（小・100g）1000円**

パン粉をまぶした銘柄豚「浜名湖そだち」を200度のオーブンで約20分、時間をかけて焼き上げる。肉質は柔らかく、油不使用なのでヘルシー。肉の甘みをストレートに感じたいなら、岩塩を軽くかけて味わうのがおすすめ。

## 上質な甘みの豚肉を好みの味わい方で

静岡の銘柄豚「浜名湖そだち」を育てる三和畜産が営む集合施設。1Fには売店、2Fはミートレストラン、敷地内にはビュッフェが中心の農家レストランがある。定食メニューが中心のミートレストランでは「白いとんかつ」が話題に。とんてきやしょうが焼きなど10種類の定食は昼夜共通メニュー。豚肉100%の「とんきいバーグ」1300円もおすすめ。

### ミートレストラン
# とんきい

**LunchTime 11:00～14:00LO**

浜松市北区　map ➡ P91 D-2
☎053-522-2969
浜松市北区細江町中川1190-1
ディナー17:00～20:00LO
カウンター6席、テーブル44席
水曜休　P50台
※農家のレストランの平日ランチ11:00～14:00LO、夜は土・日曜、祝日のみ営業。売店は10:00～19:00
●Lunch info
1000円～1680円

## 個性がキラリ輝く浜松素材の讃岐うどん

店主の小山和孝さんはこの道20年以上のうどん職人。国産小麦粉と塩のみで毎朝手打ちするうどんは艶やかで、適度なコシとのど越しがいい。とろろ・うなぎ・ウズラの卵をトッピングした「やらまいか」は、浜松周辺の食材をふんだんに使ったスタミナ満点の1杯。ダシは瀬戸内海のいりこを使用し、この地域の味覚に合わせた味に仕上げている。

### 手打ちうどん
# 権太
ごんた

**LunchTime 11:00～20:30**

浜松市西区　map ➡ P91 C-3
☎053-487-5335
浜松市西区舘山寺町2303-3
11:00～20:30
カウンター5席、テーブル12席、座敷14席
金曜、第1木曜休　P12台※第2駐車場あり
●Lunch info
ランチの価格帯は1000円～2000円

**やらまいか 2090円**

うなぎを贅沢にトッピングしたうどんは、驚きの組み合わせ。土用の丑の日にもぴったりだ。夏は期間限定で「遠州灘ハモ天うどん」1210円も用意。やわらかいハモの天ぷらがのった冷たいうどんで、和菓子がセットで付く。

**まじめな野菜カレー 850円**

農園で採れた旬野菜をトッピングしたヘルシーカレー。セットでサラダが付き、売り切れ次第終了の人気メニューだ。パスタやうどんにラーメンなどが終日味わえ、スイーツは農園産キンカンを使った「こなみソフト」350円をぜひ。

## ここでしか出合えない名物カレーと人気丼

季節の花が咲き誇るはままつフラワーパーク内のカフェ。同園の塚本こなみ理事長が手塩にかけて育てた野菜などを使った「まじめな野菜カレー」が名物で、遠州沖で獲れたしらすの釜揚げと自家製煮しらすをWトッピングした「遠州双子丼」750円の人気も高い。隣のショップでは、花に関するお土産品や地元生産者直売の生花も購入できる。

### はままつフラワーパーク
# 花の散歩道
はなのさんぽみち

**LunchTime 10:30～16:15**

浜松市西区　map ➡ P91 C-3
☎053-487-0511
浜松市西区舘山寺町195
3月～9月 9:00～17:00、
10月～11月 9:00～16:30、
12月～2月 10:00～16:30
テーブル150席、テラス15席　無休
P600台　※入園料・開園時間はイベントなどにより異なる
●Lunch info
750円～850円

## BONZO COFFEE
ボンゾ コーヒー

**LunchTime 11:30〜14:00**

【湖西市】 map ➡ P91 A-5

☎053-528-7686
湖西市吉美961-104
8：30〜18：00
カウンター10席　テーブル14席
水曜、第1・3火曜休
P10台
●Lunch info
ランチの価格帯は1030円〜1580円

**キーマカレーランチ**
**飲み物代＋580円**

トマトの風味を生かしたカレーは、ほんのり辛め。自慢のドリンクをオーダーすれば、サラダ付きで上記の料金になる。コーヒー・紅茶・スムージーなど、約20種類からチョイス。さらにドリンク代＋1000円で選べるワッフル付きになる。

挽きたて、淹れたてのコーヒーが同店の主役。豊橋市「ほしの珈琲」から豆を取り寄せ、店主がハンドドリップで丁寧に淹れる。スイーツはワッフルが看板メニューで、写真左上は「ワッフル（ダブル）ミックスベリーバニラアイス添え」730円。ドリンクとセットで100円引きになる。キーマカレーやトーストなどの食事メニューは、ワッフル付きのセットもあるランチがお得。

ハンドドリップコーヒーとランチにワッフルを添えて

---

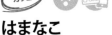

## はまなこ みんなのカフェ 湖西店
はまなこみんなのカフェ こさいてん

**LunchTime 11:30〜14:00**

【湖西市】 map ➡ P91 A-4

☎053-578-3888
湖西市利木226-1
モーニング10：00〜11：00
ティータイム14：00〜17：00
テーブル15席、カウンター5席、
テラス11席　水曜休※不定休あり
P11台
●Lunch info
ランチの価格帯は1080円〜

**ふわとろ卵のデミオムライス**
**1100円（単品）**

SNSのみで発信し、知る人ぞ知る人だけが味わえた隠れメニューが、この春からレギュラーメニューに。店で継ぎ足された濃厚デミソースを、ふわとろ卵に絡ませて召し上がれ。自由気ままに過ごす看板犬のこころ（右下）＆くま（左下）にも会いに訪れて。

看板犬（柴犬）が迎えてくれる浜名湖のほとりのカフェ。わんこと触れ合い、心から癒やされて。浜名湖の絶景を眺めながら食事を味わう楽しみや、サイクリストからの支持も高い同店。ランチは、メインメニューに＋600円で前菜・スイーツ・ドリンクが追加できる平日限定「プレートセット」の人気が高い。好評のモーニング「アスリートセット」（写真左上）はドリンク代＋100円。

常連客も自転車好きも看板犬を目あてに訪れるカフェ

ひいらぎランチ 1300円
いろいろな味をちょっとずつ食べられる人気のランチ。2種類のおかずを選べる「よくばり膳」や、ランチタイム限定の「どんぶり膳」ともに1800円もおすすめだ。抹茶や甘味にも定評があり、「食後のちょこっとスイーツ」200円～。

朝ごはんから夜ランチまで、和の神髄を極めた大人の和食膳を

和カフェ

## 和Cafeごはん
# ひいらぎ

| LunchTime 11:00～14:00 |

**湖西市**　map ➡ P91 A-5

☎053-594-6283
湖西市新居町中之郷4096-2
朝ごはん8：30～9：30
夜ごはん17：00～19：.30
テーブル20席、カウンター7席
火、第3・5水曜休　P8台
●Lunch info
ランチの価格帯は1300円～2000円

住宅街の一角にあるシックな一軒。扉を開けると、ジャズが流れる落ち着いた和空間が広がる。日本料理一筋の店主が手間暇かけた料理の数々で、訪れる人を魅了する和カフェ。朝・昼・夜と3つの時間帯の料理から、「和の心」を感じ取れる大人の隠れ家だ。おすすめは、選べるおかずを中心に品数の豊富さが自慢のランチ。「懐石膳」や「ひいらぎランチ」は、クオリティーの高い料理をリーズナブルに味わえる。旅館の朝食をイメージした「朝ごはん」1300円（要問い合わせ）や「夜ランチ」1100円も楽しみたい。

三ヶ日牛バーガー 1280円
ドリンクセット、ポテトフライセットは各+180円〜。江戸循環農法を提唱する農家「MARU FARM」直営なので、野菜のフレッシュさはお墨付き。「三ヶ日みかんサイダー」をはじめ、ご当地サイドメニューにも注目して。

三ヶ日牛のパティとこだわり農法野菜が共演したハンバーガー

## GRANNY'S BURGER & CAFE
グラニーズ バーガー アンド カフェ

**LunchTime 11:00〜16:00**

浜松市北区　map ➡ P91 A-2

☎053-525-2202
浜松市北区三ヶ日町三ヶ日1148-3
三ヶ日駅舎内
11:00〜16:00
カウンター2席、テーブル16席
金・土・日曜・祝日のみ営業
駐車場は、三ヶ日駅共同
●Lunch info
+180円からポテトやドリンクセットあり

天浜線・三ヶ日駅舎内に店を構える、知る人ぞ知るバーガーショップ。おすすめは9層にもなる具材を取り入れた「三ヶ日牛バーガー」。三ヶ日牛100%の自家製パティがボリューミーだ。エッグ・チェダーチーズ・マッシュポテトのほか、農薬・化学肥料不使用で栽培した「MARU FARM」の新鮮野菜で彩りをプラス。特製フルーツソースでさわやかにまとめた三ヶ日エリアのご当地メニューを堪能しよう。ドリンクやポテトとのセットもお得。週末の昼時がピークなので、時間に余裕をもって出かけて。テイクアウトし、駅舎や浜名湖を眺めながら食べるのもいい。

50

### 牛ステーキのせ
### ガーリックライス 1155円

食欲をそそるガーリックライスに、柔らかサーロイン牛をのせた人気メニュー。あっさり風味のしょうゆベースで、同トッピングのパスタバージョンもある。近くにある姉妹店「麺's Diner KAMACHI・めんだい」もぜひ利用して。

## スタミナ系ランチで
## エネルギーチャージを

ハンバーグやステーキといった肉系メニューが人気のオールドアメリカンをイメージしたカフェダイナー。名物は「牛ステーキのせガーリックライス」や「ポンドステーキ」。10種類以上あるランチの中でも「7'sランチ」がおすすめで、777円（税抜）とお得に提供する。ロースカツや牛のっけ飯などが登場し、スープまたはみそ汁・ミニサラダ・ミニデザートが付く。

### J.Diner KAMACHI
ジェイダイナー カマチ

| LunchTime 11:30〜14:30LO |

【湖西市】 map ➡ P91 A-5
☎053-523-7393
湖西市鷲津426-6
ディナー17:30〜22:00 (21:00LO)
カウンター4席、テーブル26席
月曜、第3火曜休
P13台
●Lunch info
ランチの価格帯は792円〜1485円

## 秋田県の稲庭うどんを
## 味わえる希少な店

県西部では数少ない日本三銘うどんの一つである稲庭うどんの専門店。平たい形状と艶のある見た目、滑らかな食感が特徴で、一度味わえば虜になる。「週替わり定食メニュー」950円〜は、秋田県南部から取り寄せる稲庭うどんに、焼肉やメンチカツ、唐揚げとご飯とデザートが付く。うどんはザルまたはにかけ、つゆは冷・温とゴマから選択できる。

### 葉月セット 1400円

初心者の手始めにおすすめの稲庭うどんと選べる天ぷらのセット。エビ・キス・ちく玉・野菜の天ぷらから選べる。麺の増量は、+250円〜。平日限定のランチタイムは、コーヒーを+100円で付けられる。

### 稲庭うどん
### 葉月
はづき

| LunchTime 11:00〜14:30LO |

【湖西市】 map ➡ P91 A-5
☎053-523-8656
湖西市岡崎2252-1
ディナー17:00〜20:00LO　テーブル14席、カウンター4席、座敷20席　水・木曜の夜休※不定休あり　P12台
●Lunch info
ランチの価格帯は950円〜1400円
平日ランチは、コーヒーセット+100円

### ミートソーススパゲティ
### 700円

和風ミートソースがたっぷりかかったオリジナルミートスパゲティが看板メニューの一つ。ランチタイムはミニサラダとスープが付いてこの料金。ランチメニュー以外の料理は、+230円でミニサラダとスープ付きになる。

### カフェテラス
### サンマリノ

| LunchTime 11:00〜14:00(平日のみ) |

【浜松市北区】 map ➡ P91 C-3
☎053-523-1185
浜松市北区細江町気賀11344-1
11:00〜20:00　カウンター6席、テーブル44席、ミーティングルーム20席　月・火曜休　P20台
●Lunch info
ランチの価格帯は700円〜850円　ランチは平日のみ
好きな料理に+250円でサラダとコーヒーのセットあり

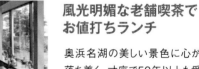

## 風光明媚な老舗喫茶で
## お値打ちランチ

奥浜名湖の美しい景色に心が落ち着く、寸座で50年以上も愛され続ける喫茶店。平日限定のランチはすべて700円で、ランチタイムのドリンク（コーヒー or 紅茶）は+150円と、リーズナブルさが魅力だ。ミートソーススパゲティ・ツナおろしスパゲティ・エビピラフ・ビーフカレーから選べる定番4種類と、定食スタイルの日替わり1種類をそろえている。

# 浜名湖ENGINE café & stores
はまなこエンジン カフェ アンド ストアーズ

浜松市西区 **map ➡ P91 C-3**
☎090-7603-0051（千鳥ヤ）
浜松市西区舘山寺町2251-3
営業時間や定休日は、各店舗による
P10台

## 舘山寺の門前通りに誕生した
## カフェやスイーツの集いのスポット

旅館や土産店を活用したレトロ&モダンな複合施設が、舘山寺の門前通りに2019年オープン。バイク用品メーカー直営の「KUSHITANI CAFE」では、市内の珈琲豆専門店「ポンポン」から取り寄せたスペシャルティー珈琲やホットドッグなど。「千鳥ヤ」では、舘山寺・佐藤牧場の牛乳を使った特製カレーが名物だ。うなぎエキスをタレに絡ませたみたらし団子やミルクアイスなど、浜松産の素材を生かしたグルメを食べ歩きたい。

---

**For Sweets**

### うなタレみたらし kinone

うなぎエキスが入ったみたらし団子には、静岡緑茶が付く。縁結び団子「結の音」や「浜名湖ぶち海苔いそべだんご」など種類も豊富。

**DATA** 11:00～16:00　土・日曜、祝日のみ営業
「うなタレみたらしだんご」1本400円、「うなタレみたらしミルクアイス」500円

---

**For Lunch**

### 千鳥ヤ

「浜名湖そだち」の豚ひき肉を使い、牛乳と野菜の水分だけで煮込んだ特製カレーが好評。舞阪産の生海苔が香る浜モコ丼もぜひ。

**DATA** ☎090-7603-0051　11:00～17:00　火曜休　「千鳥ヤ特製カレー」800円、「シーフード浜モコ丼」900円。ともに日替わりサラダ付き

---

### KUSHITANI CAFE

ライダースーツが飾られた店内では、オリジナルグッズの販売も。「コーヒー」370円～や「ホットドッグ」640円～で、ちょっと休憩を。

**DATA** ☎053-523-9169
浜松市西区舘山寺町2208-1
10:00～17:00　水・木曜休

---

**For Lunch**

### maru maru

もはや浜松の代名詞となった「浜松餃子」をバンズに挟んだ「浜松餃子バーガー」。お決まりのモヤシもたっぷりと添えた新感覚のハンバーガーをぜひ味わって。引佐町・峯野牧場の牛肉を使った「峯野牛ステーキバーガー」は贅沢かつボリューミー。店前のテラス席で、楽しみながら味わって。

**DATA** 11:00～16:00
「浜松餃子バーガー」842円
「峯野牛ステーキバーガー」2160円

浜松市西区 **map ➡ P91 D-4**
☎053-486-2346
浜松市西区湖東町5652-1
10:00～17:00
P30台、大型車15台

## 驚きの餃子バーガーをパクリ
## フラワープリンはお土産にぴったり

東名高速道路・浜松西IC入口付近のグルメの複合施設。浜松や県内各地のお菓子や加工品などを販売したお土産処や、2階のレストラン（要予約）は、うなぎを中心とした料理が楽しめる。2019年にオープンした浜松プリン「Priful」が早くも人気。花の産地である浜松市の特色を生かした「フラワープリン」で、花の香りに癒やされて。バンズに浜松餃子をサンドした驚きのバーガーや、引佐町のいなさ牛乳100%のソフトクリームも大好評。

---

**For Drink**

### Puriful

ローズ風味のプリンを名物に、浜松産紅ほっぺを使ったいちご、三ヶ日みかん、静岡産抹茶とプレーンの5種類。店内の工房で手作りし、新鮮な味を届けている。

**DATA** 10:00～17:00
「フラワープリン」「抹茶」430円、「いちご」450円
お土産用に3個パックあり

---

# 浜名湖グルメパーク　はまなこグルメパーク

好評につき 重版しました！

# 旬野菜の発酵ごはん

旬野菜の発酵ごはん

madoi

あまざけ さけかす しおこうじ しょうゆこうじ みそ

B5判・112ページ／定価：本体1,500円＋税

## 2020年夏 第2弾発行決定！

予約が取りにくい料理教室「円居（まどい）」で人気の発酵ごはんレシピ83を掲載。味噌・甘酒・醤油糀・酒粕・塩糀と5つの発酵食品を使ったアイデア満載のレシピ本です。

甘酒／ベジブラウンシチュー、甘酒ナムル

酒粕／酒粕カルボナーラ、酒粕グリッシーニ

塩糀／紅芯大根と塩糀の春色おこわ、雑穀茶巾の白だし洋風おでん

醤油糀／大豆のスパイスベジサモサ、ごぼうとナッツの唐揚げサラダ

味噌／ベジタブル味噌キッシュ、味噌ラタトゥイユ

など多数

# 静岡新聞社の本

お求めは、お近くの書店・新聞販売店まで
静岡新聞社 出版部　TEL054-284-1666　http://www.at-s.com/book/

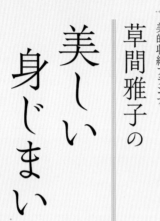

週替わりCランチ 1320円

Aは和食、Bはパスタ、Cは洋食と選べるランチは3種類。この日のCランチは「シーフードグラタン柚子風味」。ランチはどれもサラダ・スープ・自家製パン・プチデザート付き。料理には、地場野菜を積極的に取り入れている。

ランチ&スイーツを味わった後は、食器やケーキの買い物も楽しみ

## Cake cafe'
# N's grounds
エヌズ グラウンズ

**LunchTime 11:30〜15:00LO**

磐田市　map ➡ P90 D-3

☎0539-63-5335
磐田市下神増1132-1・1F西
11:00〜20:00
カウンター3席、テーブル13席
水・木曜休　P3台

●Lunch info
ランチは1320円
店内は外税表記（テイクアウト8%・イートイン10%）

イートインだけでなく、テイクアウトスイーツも充実したカフェ。親子で通えるアットホームな雰囲気を心掛けている。3種類ある週替わりのランチは、洋食には自家製パン、和食ならご飯を主食にし、それぞれに合ったメイン料理を提供。ランチはすべて自慢のプチデザートが付く。ショーケースにずらりと並んだスイーツは、「チョコクリームパイ」367円（テイクアウト）が創業からの人気のスイーツ。神戸市の人気陶芸家「陶華」の食器など、作家が手がける器も販売している。カフェでも作家の食器で料理を提供しているので、気に入ったら買い物も楽しんで。

甘味や和洋食で人気の「むつみ屋」が、イタリアンと和食のコラボを展開。本場や東京で腕を磨いたシェフが生み出す本格的なイタリアンと、丼や定食、団子などの和食を堪能できる。「今週のどんぶり」900円や「ランチパスタ」など、4種類のランチを用意。夜は豊富なイタリアワインとアラカルト料理を楽しめる。地産地消を心掛けた、新鮮素材にも注目して。

和食とイタリアンから気分に合わせて選べるランチ

## ランチパスタ 1600円

3種類からパスタを選べ、写真は「本日のスパゲッティ」の一例。前菜・自家製フォカッチャ・スイーツ・ドリンクが付く。和食は「かつ丼」1000円など丼を2種類。魚介と野菜のフライ、しょうが焼きを一皿にした定食もある。

## むつみ屋 アミューズ豊田店
むつみや アミューズとよだてん

**LunchTime 11:00〜14:30LO**

磐田市 map ➡ P92 A-2
☎0538-33-8551
磐田市上新屋499-1
11:00〜21:00
カフェ15:00〜17:00
ディナー17:00〜21:00
テーブル36席　月曜、第1・3火曜休
P16台、第2P50台
●Lunch info
ランチの価格帯は900円〜1600円

---

## ローストビーフ 1430円

香草とオリジナルスパイスでマリネしたビーフを絶妙な火加減でロースト。和風オニオンソースとわさびクリーム、温泉卵をトッピングしている。「%Arabica Coffee Roaster &Farm」の豆をひいた「BARNブレンド」を食後にぜひ。

光と白に包まれた空間は時がのんびりと流れるよう

## BARN TABLE
coffee & eats
バーンテーブル

**LunchTime 11:00〜14:30LO**

磐田市 map ➡ P92 D-3
☎0538-24-8080
磐田市今之浦2-8-2
BARN VILLAGE内
11:00〜21:00※ディナー18:00〜
※月曜〜18:00、金・土曜〜22:00
テーブル60席　火曜休　P100台
●Lunch info
ランチの価格帯は900円〜1300円
ドリンクセット+300円、プチスイーツセット+200円あり

中遠地方初の集合店舗として1985年に誕生したバーンヴィレッジ。施設内のカフェは、2020年5月にオープンから2年目を迎えた。ガーデンカフェをイメージした店内には大きな窓から光が差し込み、開放感たっぷり。ランチは、ビーフシチューやパスタにハンバーグなど、選べるメニューが8種類。セットドリンクは+300円〜、プチスイーツを+200円で付けられる。

和牛のひつまぶし 2046円

ゴマがたっぷりかかった牛肉のたたきの上から、カツオ・昆布・マグロでとった上品なダシを回しかけて味わう名物メニュー。ランチタイムは、コーヒーまたは緑茶のサービス付き。ご飯の大盛りや、おかわりは無料でオーダーできる。

和牛とダシを合わせた「和牛のひつまぶし」は秀逸

和食

うまみ処
**六番**
ろくばん

LunchTime 11:30〜14:30

磐田市　map ➡ P92 D-1

☎0538-84-7006
磐田市岩井3164-2
ディナー17：00〜22：00LO
カウンター10席、テーブル20席、
座敷16席
月・火曜休　P14台
●Lunch info
ランチの価格帯は1023円〜2046円
ランチはどれもコーヒーまたは緑茶付き
ご飯の大盛り、おかわり無料

牛肉にダシをかけ、さっぱりと味わう同店の名物「和牛のひつまぶし」。和牛の旨味をよりいっそう楽しめるようにと、素材を見直し生まれ変わった。和牛の部位をランプまたはイチボにして上質感をプラス。最高級の評価を受けた九州のブランド米「にこまる」や、自家製とのブレンドみそを使ったみそ汁の風味も奥深い。ほか、ランチは旬ごとに替わる魚介が楽しみな「お刺身定食」1530円も好評。唎酒師（ききさけし）が選ぶ銘酒と料理との相性も楽しみたい。夏期には手ぶらでBBQができる設備が隣接している。希望者はぜひ問い合わせを。

### 豚角煮釜めし 1430円

ジューシーな角煮は、赤身や脂に甘みのある三元豚の豚バラを使用。釜めしにマッチするよう研究した米は、磐田産と森町産をブレンドしている。粒が立っていて、食感も心地よい。お造り・サラダ・香の物・みそ汁付き。

## ダシと素材にこだわるアツアツの釜めし

創業から伝統の味を守り続ける釜めしが自慢の店。注文を受けてから炊き上げる釜めしを11種類そろえ、昼夜ともに味わえる。「豚角煮釜めし」は、男女ともに人気のメニュー。甘みのあるジューシーな角煮の旨味と、ダシを吸ったご飯との相性も抜群だ。天ぷらなどの定食や丼物も充実。宴会での「釜めし膳コース」は3850円〜対応する。

**和食**

### 釜めし とらや

**LunchTime 11:30〜13:30LO**

**磐田市** map ➡ P92 B-2

☎0538-32-9425
磐田市一言276-2
ディナー17：00〜20：30LO
テーブル8席、座敷50席
水曜休
P20台
●Lunch info
ランチの価格帯は935円〜
釜めしは出来上がりまでに30分を要するため、予約がおすすめ

---

## アンティークな空間でほっこりスープランチ

自家製パンやスイーツを味わえる、自宅と併設のおうちカフェ。店主の父がコレクトしたアンティークグッズが、ほんのりレトロな印象を与えている。ランチは3種類あり、「スープセット」「サンドイッチセット」のほか、パスタまたは丼セットが気まぐれで登場。単品メニューでピザやフォカッチャ、タコライスにナポリタンなどもあるので、好みの味を楽しんで。

### スープセット 900円

店主のきまぐれスープ・キッシュ・バターロール2つ・ミニデザート・ドリンク付き。パンサンドやパスタなど、黒板に書かれたその日の単品メニューもおすすめ。「ベイクドチーズケーキ」など、スイーツも楽しみ。

**カフェ**

### 24CAFE
にじカフェ

**LunchTime 11:00〜18:00LO**

**磐田市** map ➡ P92 A-2

☎0538-33-7719
磐田市池田425-3
カウンター4席、テーブル6席
木曜、第2・4日曜休 P4台
●Lunch info
ランチの価格帯は900円〜1000円

---

### 週替わりランチ 1480円

週末はローストビーフ・チキン・週替わり・キッシュの4種類、平日は日替わり・パン・キッシュの3種類あるランチ。季節のサラダや総菜、パンorライス、ドリンクが付く。週末はキッシュランチ以外に、ミニキッシュが付いてお得。

**カフェ**

### cafe kamalam
カフェ カマラ

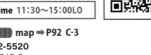

**LunchTime 11:30〜15:00LO**

**磐田市** map ➡ P92 C-3

☎0538-32-5520
磐田市中泉1345-2
11：30〜18：00、金・土・日曜〜21：00 カウンター8席、テーブル3席、座敷4席 P4台 水・木曜、最終火曜休
●Lunch info
ランチの価格帯は1320円〜1480円、すべてドリンク付き
ランチ注文の場合はスイーツ50円引き

## 築120年の古民家で無国籍料理を

磐田駅近くの旧東海道の路地にたたずむカフェ。漆黒の千本格子をあしらった築120年の日本家屋で、インドカレーやグラタンにキッシュなど、国籍を問わない料理と出合える。ランチは野菜を多く取り入れ、彩り豊かに盛り付けたワンプレート。平日や週末でランチの数も替わり、その内容も楽しみだ。ぼんやり明かりが灯る、夜の雰囲気も風情あり。

香川県で修業した店主の技術で、本場の味を忠実に再現。地元にいながら、本場の讃岐うどんを堪能することができる。のど越しとコシが決め手の麺は自家製。トッピングも讃岐流で、「ぶっかけスペシャル」には四国名物の赤天を、特製塩ダレで味付けした鳥天ぷらものっている。ネタに味が染み込んだ「おでん」は1本130円〜で、冬季限定のお楽しみ。

## いりこダシの風味と、麺のコシがやみつきに

 うどん

### さぬきうどん
# 佐和
さわ

**LunchTime 11:00〜14:30**

**磐田市** map ➡ P90 D-3

☎0539-62-9111
磐田市下神増1131-1
ディナー17：00〜19：30LO
※夜は土・日曜のみ営業
カウンター4席、テーブル22席、
座敷12席
火曜、第3水曜休　P30台
●Lunch info
ランチの価格帯は600円〜1100円
昼夜共通メニュー

ぶっかけスペシャル 1100円

冷水でしめたコシのある麺に、鳥天とエビ天、小エビのすり身を天ぷらにした「赤天」を盛ったボリューム満点のぶっかけうどん。釜玉うどんにバターをトッピングしてコクを出した「釜玉バターうどん鶏天セット」（写真左下）1100円。

---

住宅街にたたずむ隠れ家的なカフェ。食事からドリンク、スイーツまで、店主の工夫をこらしたアイデアメニューがそろう。「和風ハンバーグ」や「ドライカレー」など、ランチだけでも10種類。中でも濃厚なデミグラスソースを使った「ビーフシチューセット」の人気が高い。地域のマスコットキャラに似た、犬のラテアート「3Dラテアート」500円にも癒やされて。

## 豊富なメニューには、おいしさとアイデアが満載

 カフェ

### 素敵な隠れ家
# S-cafe
エスカフェ

**LunchTime 10:00〜18:30**

**磐田市** map ➡ P92 D-4

☎0538-24-8266
磐田市新貝1997-5
10：00〜18：30LO
テーブル16席、カウンター3席
木曜休　P7台
●Lunch info
ランチの価格帯は580円〜1380円

ビーフシチューセット 1000円

大きな具材がゴロゴロと入って食べ応え十分。ライス・サラダ・コーヒーのセットで、ケーキを+380円で付けられる。「ふわふわパンケーキ泡の豆乳シナモンナッツ」（写真上）単品750円は、ふんわり食感がやみつきに。

## ふわとろ玉子の オムハヤシライス　1130円

ハヤシソースの濃厚な旨味、半熟に仕上げたふわとろのオムレツの口当たりはマイルドで、全体のトータルバランスがいい。さらりと味わえる一皿は、同店ランチの一番人気。ミニサイズがあるパンケーキと合わせて楽しみたい。

**カフェ**

### コミュニティカフェ
# Cafe mog mog
カフェ モグ モグ

**LunchTime 11:00〜14:00LO**

**磐田市** map ➡ P92 C-3

☎0538-84-7002
磐田市二之宮702-1
11：00〜18：00
テーブル30席
火曜休　P23台、第2Pあり
●Lunch info
ランチの価格帯は1130円〜1200円
ランチにはサラダ・スープ・ドリンク付き
レンタルルームを予約すれば、個室としての利用可

「食を通じて人とつながる」をテーマにしたカフェ。ふわふわと軽い食感のパンケーキが名物で、甘いものが好きな人たちを虜にしている。ランチは定番の「ふわとろ玉子のオムハヤシライス」と、パンやカレーなどの日替わりメニューを3種類。ランチはすべて7種類から選べるドリンクが付く。期間限定からレギュラーまで選べるパンケーキは、+200円でドリンクセットにできる。

**ふわとろ卵のオムハヤシとパンケーキが名物**

---

地元の新鮮な野菜をたっぷり使ったスープとサンドイッチのセットをイートインできるパン屋。素材の甘みと旨味が伝わり、ほっこりとした気分になる。「親として子どもに食べさせたいもの」がコンセプトの同店のパンは、挽きたての小麦粉を使い、時間をかけて発酵させた天然酵母のもっちりとした食感が魅力。プレーンな食事パンは、料理との相性も抜群だ。

**安全素材へのこだわりが本物志向の心をつかむ**

**パン&カフェ**

### 天然酵母パンとコーヒーの店
# one too many mornings
ワントゥー メニー モーニングス

**LunchTime 11:00〜**

**磐田市** map ➡ P92 A-2

☎0538-84-6457
磐田市豊田西之島259
10：00〜18：00※カフェは平日イートイン可、土曜はランチメニューあり
カウンター3席、テーブル12席
日・月曜休　P4台※道路を挟んで北側に無料共用駐車場あり
●Lunch info
ランチの価格帯は800円〜1050円
売り切れ次第終了

## ランチセット　1000円

サンドイッチとスープともに週替わり。ドリンク付きも選べる。夏季は「夏野菜のガスパチョ」など、さっぱり系スープが登場する。自慢のパンと、挟む素材の風味を生かしたサンドイッチとの出合いも楽しみ。

Bun cha 745円

ヘルシーなフォーをスープに付けながら味わうブンチャー。肉と野菜のボリュームが加わり、お腹いっぱいに。豚骨と野菜から抽出したダシに、シナモンなどのスパイスで味付けしたスープで食べる「牛肉のフォー」（写真下）875円。

ハノイのソウルフード、つけ麺で豚肉をたっぷりと味わう

## BUN CHA HANOI
ブンチャー ハノイ

**LunchTime** 11：00〜14：00

袋井市 map ➡ P93 B-3

☎0538-74-2271
袋井市方丈1-4-6
ディナー17：00〜22：00
カウンター6席、テーブル20席
月〜水曜、祝日休
※長期休みあり、要問い合わせ
P7台
●Lunch info
ランチの価格帯は1000円〜1200円

袋井駅や市役所からもほど近い場所にあるベトナム料理店。ハノイ郊外出身のホアさん夫妻が営む。おすすめは、豚肉と団子がのったスープに、ブンと呼ばれる米粉の麺をつけながら食べる「Bun Cha（ブンチャー）」。ベトナム北部の名物料理で、甘酸っぱいスープと炭火で焼いた香ばしい肉がたまらないおいしさだ。ボリューミーながらもパクチーの風味や野菜がアクセントになり、ペロリと食べられる。フォーやフランスパンに具材をたっぷり挟んだバインミーなど、本場の料理がいろいろ。異国の料理を味わいに、気軽に訪ねてみよう。

## 自家製天然酵母パンを
## アツアツのグラタンで

店主手作りのログハウスのカフェ。リンゴ・ニンジン・山芋から20年以上かけて発酵した自家製天然酵母で作ったパンの販売のほか、店内ではグラタンソースとチーズたっぷりのパングラタンを楽しめる。すべてのランチセットに天然酵母パントースト付き。ビーガンやベジタリアンの人に対応したメニューや、夏季には「冷麺」や「かき氷」も登場する。

### トマトパングラタンセット
### 1166円

10種類以上の野菜と豆乳で仕込むホワイトソースにトマトソースを合わせたピザ風グラタン。サラダ・豆乳寒・天然酵母パントースト・デザート付き。卵や乳製品を使わずに焼く「アレルギー対応ケーキ」は予約で受け付ける。

### Cafe & Bakery
# げんらく

**LunchTime 11:00～14:00**

**袋井市** map ➡ P93 C-1

☎0538-23-0141
袋井市岡崎1225-6
11：00～18：00※土・日曜～19：00※週末は事前予約がおすすめ　テーブル24席　水・木曜休　P15台
●Lunch info
ランチの価格帯は730円～1320円、週末ランチあり、ランチセット注文の場合、ドリンク150円引き

---

### ボロネーゼ 1045円

炒めた牛ひき肉を、赤ワインとトマトでじっくり煮詰めたカレー風味のミートソースパスタ。麺はソースと相性が抜群なタリアッテレを使用している。とろ～りとろける温玉を絡ませて味わって。2種類のパスタには、選べるドリンクが付く。

## パスタとシフォンで
## 至福のランチタイムを

「ルテイン卵」を使ったシフォンケーキが人気の店。「プレミアムバニラ」や「抹茶」など、種類豊富な味わいを店内やテイクアウトで楽しめる。フードメニューは、「ルテイン卵のカルボナーラ・生ハム添え」1045円と「ボロネーゼ」の2種類のパスタを用意。食後は、一皿に2種類のケーキを添えた「本日のシフォンケーキSet」（写真左上）880円を堪能しよう。

# SPOON CAFE
スプーン カフェ

**LunchTime 11:00～17:30LO**

**袋井市** map ➡ P93 D-2

☎0538-43-6909
袋井市愛野東2-7-2
11：00～17：30LO
テーブル17席　水・木曜休　P4台
※シフォンケーキ（ホール）のテイクアウトは前日までに要予約
●Lunch info
ランチの価格帯は1045円～

---

## 半熟卵のオムライスは
## ギャラリー喫茶の名物

1994年のオープンから四半世紀続く、オムライスが看板メニューの喫茶店。平日ランチはABCの3種類をそろえる。メインは4種類のソースを選べるオムライスまたはカレー。いずれもトッピングを添えることができる。すべてスープ・サラダ・デザート付きで、Bランチはさらにドリンク、Cランチはドリンク＋あずきクリームor珈琲ゼリーが選べる。

# クロスロード

**LunchTime 11:00～14:00（平日のみ）**

**袋井市** map ➡ P93 A-2

☎0538-42-0043
袋井市久能2174-1
11：00～20：00LO
テーブル24席、カウンター8席
火・水曜休　P14台
●Lunch info
ランチの価格帯は900円～1300円
Aランチ900円、Bランチ1100円、
Cランチ1300円
ランチは平日のみ

### Bランチ 1100円

トマト・ホワイト・デミ・カレーの4種類からオムライスのソースを選べるBランチは、スープ・サラダ・デザート・ドリンクが付く。トッピングをエビ・ホタテ・キノコ・チーズ・ハンバーグから2品選べ、写真はトマトソースにキノコとハンバーグ。

お茶しゃぶしゃぶ 7000円
肉をしゃぶしゃぶすれば、お茶の香りがふわり。特製のゴマダレ、ポン酢で味わって。肉は「遠州夢咲牛」または「かけがわフレッシュポーク」からチョイス。前菜や刺身など7種類の料理に、ご飯・お吸い物・フルーツが付く。

400年の歴史を誇る倉真温泉で茶処名物の「お茶しゃぶしゃぶ」を

（和食）

倉真温泉 旅館
**翠月**
すいげつ

**LunchTime 11:00〜15:00**

**掛川市** map ➡ P93 F-5

☎0537-29-1021
掛川市倉真5325
客室5部屋（15人まで宿泊可能）
不定休　P20台
●Lunch info
ランチの価格帯は5000円〜
休憩＋昼食は要予約

400年の歴史を誇る倉真温泉は、掛川市街から車で20分ほど北に位置する山あいの閑静な温泉地。ノスタルジックな雰囲気の温泉旅館は近年、若者にも支持されている。宿泊はもちろん、同旅館の魅力を日帰りで楽しめる昼食プランが気軽と好評。お茶の産地・掛川ならではの料理「お茶しゃぶしゃぶ」は、肉をお茶でしゃぶしゃぶすることで脂を落とし、ヘルシーに味わえる。掛川が世界農業遺産「静岡の茶草場（ちゃぐさば）農法」の認定地区であることから考案した「茶草コロッケ」も同館の名物。上質な茶草の風味が良く、おやつ感覚で味わえる。

贅沢な素材を詰め込んだお茶漬けはお茶屋ならではの品の良さ

**きみくら特製
よくばり玄米抹茶漬け 1210円**

玄米の香ばしさとダシの旨味をじっくり堪能。抹茶になる前の茶葉「碾茶(てんちゃ)」やわさび、焼鮭など、数種の付け合わせで味の変化を楽しもう。セットで付く「自家製きみくら小豆どら焼」はショップでも購入ができ、お土産としても人気。

**茶菓
きみくら**

| LunchTime 10:30〜14:00 |
| --- |

掛川市　map ➡ P94 D-3

☎0537-24-6000
掛川市板沢510-3
カフェ10:30〜17:30LO
販売コーナー10:00〜19:00
テーブル30席、カウンター6席
火曜休
P13台
●Lunch info
ランチの価格帯は1210円
食事メニューは平日のみ、数量限定

「お茶のおいしさを幅広い世代に伝えたい」と丸山製茶が開いた直営カフェ。掛川深蒸し茶のおいしさと、お茶に合う和スイーツで人気を集めている。2019年には、食事メニュー「きみくら特製 よくばり玄米抹茶漬け」が新登場。お椀の中の抹茶塩ご飯へ昆布ダシとオリジナルブレンドの玄米茶を回しかけながら味わう。食事メニューは平日のみで数量限定のため、早めの時間がおすすめ。自家製抹茶ゼリーや抹茶餡を使用したお茶屋が作るあんみつ「抹茶づくしセット」990円など、甘味もぜひ。売り場では茶葉や菓子、陶器の買い物も楽しめる。

漬けまぐろランチ
2000円

とろろ汁と麦飯に、生姜甘醤油に漬け込んだ厚切りマグロのセット。ほか3種類の平日限定ランチにもすべて、とろろ汁・麦飯・漬物・小鉢・お吸物が付く。「ソースとろかつ定食」(写真下)2800円は、昼夜共通の定番料理。

国内でも珍しい日本原産種の自然薯の力強い粘りと伸びを実感

**和食**

掛川いも汁処
## とろろ本丸
とろろほんまる

**LunchTime 11:00〜13:30LO**

**掛川市** map ➡ P94 C-4

☎0537-23-8811
掛川市南2-14-2
ディナー17:00〜19:30LO
※材料がなくなり次第終了
カウンター3席、座敷84席
水曜、火曜夜休
※大型連休の営業日は要確認　P20台
●Lunch info
ランチの価格帯は1500円〜2000円
ランチは平日のみ

品種改良のない国産原種の中でも6年もの間、土に寝かせた自然薯は最高級。年間収穫量が少なく、貴重な食材といわれている。そんな贅沢な素材を、とろろ汁を中心に味わえる同店。自然薯とろろを衣で包み揚げた「ソースとろかつ定食」など、アイデアあふれる自然薯料理を豊富にそろえている。平日ランチはとろろ汁をメインに4種類。麦飯でシンプルに味わう「とろろランチ」1500円のほか、「揚げとろ・漬けまぐろ・牛肉」からおかずを選べるセットメニューがある。国内でも取り扱いのできる店が限られた自然薯の滋味を、心ゆくまで堪能しよう。

## ログハウスで楽しむ
## 選び放題のスパゲティ

自然を望むのどかな場所にたたずむログハウス。店内随所に飾る猫の置物に心が和む。ピザにグラタン、ハンバーグなど、洋食を豊富にそろえるカフェ。スパゲティの人気が高く、ソースと味の組み合わせで、56種類ものバリエーションがある。素材は国産で料理に使うソースは手間暇をかけた自家製。夜は洋食屋ならではのアイデア餃子が登場する。

### トマトチーズ 980円
帯状にカットしたゴーダチーズを大胆にトッピング。とろけるチーズとトマトソースのコラボレーションがたまらない。サラダ・自家製パン・スープ付き。夜限定メニューの「餃子」は、焼きや冷凍でのテイクアウトも可能だ。

### LOG CAFE
# MR.PAPA
ミスター パパ

**LunchTime 11:00〜17:30**

**掛川市** map ➡ P94 D-4

☎0537-24-8483
掛川市子隣283-45
11:00〜19:30LO
※餃子は17:30〜、水曜11:00〜14:00LO
カウンター3席、テーブル24席　木曜休　P11台
●Lunch info
ランチの価格帯は700円〜1000円

---

### ピリッとカレードリア
### プレートセット 980円
ほんのり辛みのあるスパイスと、とろけるチーズとの相性を楽しめるカレー風味のドリアには、サラダとドリンクが付く。人気のワッフルは単品500円〜。ランチを頼めば、「ミニワッフルサンデー」300円が100円引きになる。

## 目にも鮮やかな雑貨と
## ランチ＆スイーツを

雑貨好きにはたまらない、作家作品がずらりと並ぶカフェ。白を基調とした店内で、お気に入りを探してみよう。同店名物のワッフルをはじめ、食事メニューを味わえるカフェを併設。ランチは3種類あり、「野菜たっぷりピザ」は旬野菜をのせたヘルシーメニュー。「ベークドオーブンサンド」や「ピリッとカレードリア」など、女性好みの料理と出合える。

# Sam's Cafe
サムズ カフェ

**LunchTime 11:00〜17:00**

**掛川市** map ➡ P94 A-3

☎0537-21-6807
掛川市中央高町126
10:30〜18:30LO
テーブル18席　P10台
水・木曜休
●Lunch info
ランチの価格帯は600円〜1280円
ランチを頼めば、ミニワッフルサンデーが100円引き

---

## カフェと文具が融合した
## 昭和レトロな空間

アンティークやデッドストック、廃番商品など、レトロな文房具や古本を購入できる店併設のカフェ。ヴィンテージ家具で統一された空間で、気ままな時間を過ごせる。姉妹で店を切り盛りし、姉が文具を、妹が飲食を担当。やさしい味の「スープとパンのセット」が人気で、季節のスイーツや「konohiブレンド珈琲」とともに、のんびりゆっくりと味わいたい。

### スープとパンのセット 750円
旬の野菜が溶け込んだスープと、毎朝手作りしたパン2種類が付くセット。春はゴボウのポタージュ、夏はヴィシソワーズなど、仕入れる食材に合わせて、年に4・5回ほどスープの内容を変更する。

### stationery cafe
# konohi
コノヒ

**LunchTime 12:00〜18:30LO**

**掛川市** map ➡ P94 A-1

☎0537-26-1036
掛川市細谷535-1
12:00〜18:30LO
テーブル20席、カウンター9席　月・火曜休　P10台
●Lunch info
ランチの価格帯は530円〜1500円

## サクッとジューシーな<br>ミルフィーユかつ

創業39年の老舗。「ミルフィーユ豚かつ」は、薄切り豚に香草タラゴンを挟んださわやかな風味が女性に好評だ。パン粉は食パンを寝かせてから肉に合うように挽き、揚げ油はコクを引き出すため100%ラードを使っている。薄めの衣はサクッとした歯触り。柔らかな肉質で、素材の旨味がダイレクトに伝わる。豚汁、煮物や酢の物、サラダなどの副菜が付く。

### ミルフィーユ豚かつ定食<br>1100円

心を癒やし、消化を促す効果があるといわれる香草タラゴンを豚肉に重ねて揚げた豚かつ。「上とんかつ定食」1200円や「海老とひと口とんかつ定食」1400円など、多彩なメニューがそろっているので、好みで楽しもう。

# とんかつ まえだ

| LunchTime 11:00～14:00 |

掛川市　map ➡ P94 D-2

☎0537-24-0889
掛川市金城99
ディナー17:00～19:50LO
カウンター7席、テーブル2席、座敷5席　不定休　P10台
●Lunch info
ランチの価格帯は900円～1600円
平日のみサービスランチ700円～

---

### 掛茶会席（みやび）6600円

この日の「みやび」の揚げ物は、桜エビの香ばしさと茶葉の風味を楽しめる「かき揚げ」。春に茶畑から収穫した無農薬一番茶を使い、料理に季節を添えている。予約時の希望に応じて料理を決める「掛茶会席」は5500円～。

## お腹も心も大満足<br>絶品オーダーメイド会席

日本料理

### 掛茶料理<br>むとう

掛茶（かちゃ）料理とは、「静岡の旬の食材を、美味しく楽しく健康に楽しんで」との、同店の願いを形にした料理のこと。オーダーメイドの「掛茶会席」と定番の「お決まり料理」の2つを用意する。平日昼限定の「味彩」3000円は、3種類からメインを選べる「お決まり料理」。「掛茶会席」は、前菜からデザートまでの8品を、訪れる人の好みに応じて提供する。

| LunchTime 11:30～14:00 |

掛川市　map ➡ P94 D-4

☎0537-24-8188
掛川市上張830
ディナー17:00～21:00
テーブル8席、座敷90席
不定休　P15台
●Lunch info
ランチの価格帯は3000円～
「掛茶会席」は要予約
「お決まり料理」は予約がおすすめ

---

## 肉感満点のバーガーを<br>豪快にかぶりつきたい

浜松のイラストレーター「STINK SIGNS」の作品が並ぶアメリカンダイナー風のバーガー店。牛のモモ肉と肩肉のミンチを100%使用した手ごねのパティは、あふれる肉汁がたまらない。国産小麦の風味が生きた特注バンズは、パティの旨味も引き立たせている。期間限定メニューも楽しみの一つ。いろいろ味わい、ハンバーガーの奥深さを感じてみて。

### チェダーチーズ<br>バーガー 990円

地元産のレタス、トマトを挟んだバーガー。ブレンドチーズの豊かな味わいが、全体の味をまとめている。はちみつ入りの甘いBBQソースが絶妙な「ハニーバーベキューバーガー」は期間限定で登場する人気の一品。

# Rise Burger
ライズ バーガー

| LunchTime 11:00～14:30LO |

掛川市　map ➡ P94 C-3

☎0537-29-6613
掛川市南1-6-11
ディナー18:00～21:00LO
カウンター8席、テーブル8席、
ソファー4席　水、火曜夜休　P5台
●Lunch info
ランチの価格帯は1200円～

週替わりランチ 1500円
この日のランチは、野菜中心の料理。和食だけでなく、パンランチの週もある。12食限定のため、予約がおすすめ。静波のコスモスコーヒーから仕入れた豆で入れるコーヒーや抹茶を、縁側でのんびりと味わいたい。

体に染み入る自然素材のランチと和の風情にも心が満たされる

## cafe cumiche
カフェクミーチェ

**LunchTime** 11:30〜無くなり次第

**菊川市** map ➡ P93 E-5

☎非公開
菊川市本所328
11:30〜16:00
カウンター4席、テーブル2席、ソファ席5席、座敷4席※1グループ4人まで
不定休（基本的に火、水、木曜営業）
※営業日はSNSで告知　P5台

●Lunch info
ランチは1500円
デザートとデザートのセットランチは要予約
LINE@で予約対応可

調度品も庭園の風景もそのままに、店主の大切な思い出がつまった親戚宅を再生したカフェ。「おいしさに自信を持って提供したい」と仕込みを丹念に行うため、週に3日程度を営業日とし、料理は「週替りランチ」1500円のみを12食限定で提供する。素材の新鮮さを心掛け、平飼いの有精卵や地元野菜を料理に使用。彩りに見合った上質な和食器が、料理によくなじんでいる。ご飯は黒米入りで、日によっては混ぜ込みや炊き込みご飯になる時も。季節のデザートも楽しみの一つで、写真は「リンゴのベイクドチーズケーキ」400円（冬季限定）。

全国から選りすぐりの和牛・銘柄豚を取り扱う肉料理の専門店。自慢のローストビーフは、最高ランクA5の霜降り黒毛和牛を使用。低温真空調理で時間をかけてローストした肉は柔らかく、口の中で溶けてしまうのがもったいないほど。ローストビーフ丼や牛タン丼など、ランチは17種類と充実し、平日だけのレディース御膳「和奏（わかな）」1848円は20膳限定。

## 黒毛和牛のローストビーフはとろけるおいしさ

肉料理

### しゃぶしゃぶ たわら屋
たわらや

**LunchTime 11:00〜14:00LO**

菊川市 map ➡ P93 E-5

☎0537-37-0535
菊川市加茂5270
ディナー17：30〜21：30LO
火曜休　テーブル24席、座敷50席
P20台
※2020年4月1日、道の駅・風のマルシェ御前崎に「御前崎レストラたわらや」がオープン！
●Lunch info
ランチの価格帯は1200円〜2000円

### 和牛ローストビーフ丼ランチ 1848円

とろけるローストビーフに、季節のサラダ・赤ダシ・漬物が付くランチ。「ふじのくに いきいきポーク」を使ったローストポークやとんかつなどのランチもある。大人数での宴会にも対応する掘りごたつのテーブルや半個室もある。

---

創業70年を誇る深蒸し茶専門茶商のショップ＆お茶カフェ。茶葉や菓子、陶器などの販売や、お茶に合う料理や和スイーツを味わえる。いちおしのランチは地元野菜をたっぷりと使用した小鉢とふっくらむすんだ「おむすびセット」。香り豊かな「茶飯」と「白米」の2種類から選べ、具はうめ・おかか・しゃけなど、9種類から2つを選べる。食後のスイーツもぜひ。

## 三角おむすびと日本茶はいつの時代も心のふるさと

ショップ＆カフェ

### まるよ茶屋
まるよちゃや

**LunchTime 10:00〜17:00**

御前崎市 map ➡ P94 B-5

☎0120-04-6089
御前崎市門屋1950-2
カフェ10：00〜16：30LO
ショップ9：00〜18：00
テーブル20席
水曜休※4の付く日、祝日は営業　P14台
●Lunch info
価格帯は600円〜1500円
デザートセット+200円、ドリンクセット+180円
終日共通メニュー

### おむすびセット 750円

おむすび2個に、みそ汁・漬物・卵焼き・日替わり小鉢2品が付く。9種類の具の一番人気は、遠州夢咲牛を柔らかく煮込んだ「夢咲牛しぐれ」（+30円）。同店特製の茶葉「つゆひかり」をテリーヌにした「つゆパフェ」（写真下）750円。

## 豊富な総菜がずらり
## テーブルを埋め尽くす

いろいろな総菜を小鉢に添えた「本日のおばんざい膳」が人気の民宿ランチ。創意工夫を凝らした料理の味は、店主の祖母が手作りをした味をベースにしている。豊富な旬野菜を使い、栄養バランスもいい日替わりのおばんざいは、長期滞在する民宿客からも大好評。おばんざい以外は「カレーライス」や、子連れにうれしい「お子様ランチボックス」もある。

**本日のおばんざい膳 1330円**

おばんざいの内容は日替わりで、定番で付く豆腐ハンバーグのソースは週替わり。清水家伝統の味を店主の祖母から継承した、漬け物のおいしさも評判だ。プチデザートとドリンクのセットは+320円。

### 昼ごはんや おばんざい
## 民宿しみず
みんしゅくしみず

**LunchTime 11:00〜13:30LO**

御前崎市 map ➡ P94 C-6
☎0537-86-7789
御前崎市佐倉767-2
テーブル10席、座敷20席※子ども用椅子、座敷、キッズスペース、離乳食持ち込み可　日・月曜休※不定休あり
P30台
●Lunch info
ランチの価格帯は730円〜、キッズメニューあり

---

**土鍋ご飯ランチ 1550円**

「パスタランチ」「パンランチ」「土鍋ごはんランチ」には、サラダ・ポタージュ・ドリンク付き。+300円〜デザートが付けられる。「夢咲牛ランチ」は、サラダ・スープ・パスタ・夢咲牛・デザート・ドリンク付きの贅沢な内容。

## 御前崎の旬を和と伊で
## 安心・安全・庶民的に

若夫婦が営む、和食とイタリアンの店。看板メニューの土鍋ご飯は、じっくりと炊き上げたご飯にダシが染みわたり、もっちり食感に食が進む。「土鍋ごはんランチ」は、ホクホクの身の「金目鯛」や、弾力とコクのある御前崎産「一黒シャモ」から好みを選べる。低温調理で封じ込めた肉の旨味がたまらない、新登場の「夢咲牛ランチ（要予約）」3300円もぜひ。

## 清水食堂
しみずしょくどう

**LunchTime 12:00〜14:00**

御前崎市 map ➡ P94 B-6
☎0537-86-9839
御前崎市池新田1823-2
※ランチは要問い合わせ
ディナー18:00〜22:00
カウンター5席、テーブル18席
月曜休※不定休あり　P7台
●Lunch info
ランチの価格帯は1150円〜3300円
「土鍋ごはんランチ」は冬季限定で牡蠣が登場する

---

## 御前崎のイタリアンは
## 地元の旬素材たっぷり

地元の厳選食材を使ったカジュアルイタリアン。旬の素材の旨味を大切に、シンプルな調理法を心掛ける。ランチは手軽な「PRANZO A」や、本日のパスタ・リゾット・生パスタから一品を選べる「PRANZO B」。さらに、メイン料理が付いた「PRANZO C」の3種類を用意している。評判のデザートは、洋菓子店で経験を積んだ奥さんの手作り。

**PRANZO B 1430円**

パスタ・リゾット・生パスタの中から、この日は「ズワイガニと季節野菜のペペロンチーノ」をチョイス。「PRANZO B」には、前菜・スープ・パン・ドリンクが付く。ドリンクは、ミルクと相性のいいKIMBOのナポリコーヒーがおすすめ。

### イタリア食堂
## IL Piatto
イルピアット

**LunchTime 11:30〜14:30**

御前崎市 map ➡ P94 C-5
☎0537-86-3988
御前崎市池新田3776-1
ディナー18:00〜22:00
テーブル16席、カウンター6席　水曜休　P6台
※子ども用椅子、離乳食持ち込み可
●Lunch info
ランチの価格帯は1100円〜2640円

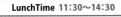

## 集いのスポットへ Go!

獲れたての魚介類を、なぶら市場で。小國神社や法多山でお参りや散策をしたら、隣接するスポットでグルメを楽しみたい。

## 御前崎海鮮なぶら市場

### 御前崎漁港のそばにある新鮮魚介のパラダイス

**御前崎市** map ➡ P94 D-6

☎0548-63-6789
御前崎市港6099-7
海遊館9:00～17:00
食遊館9:00～18:00
火曜休　P200台、バス専用10台

御前崎漁港で水揚げされた新鮮魚介と、全国から選りすぐりの海産物や加工品をそろえた海鮮市場。スタッフが威勢よく声をかけてくれるので、おすすめ商品や調理法などを聞いてみよう。市場のある海遊館で買い物を楽しむ前後は、グルメゾーンの食遊館も立ち寄りたい。漁師が営む「一本釣り日光丸」は、藁の炎で炙るカツオのたたきが名物。店内で見られる藁焼きのパフォーマンスに歓声が上がり、気分も盛り上がる。10人以上で訪れるなら、なぶら市場直営店「海鮮」に事前予約を。200人まで収容できる大空間で、料理をゆっくりと堪能できる。おやつには、「イタリアンジェラート・マーレ」で、御前崎の特産品を使ったジェラートをぜひ。名物「しらすのジェラート」は話題性も抜群だ。

---

### イタリアンジェラート・マーレ

ほんのり塩気がたまらない「しらすのジェラート」が名物。ちりめんと釜あげのしらすをミキサーでつぶして練り込んでいる。バニラや抹茶などの定番のほか、イチゴやスイカなどが期間限定で登場する。

**DATA** ☎0548-63-5963
9:00～17:00
「しらすのジェラート」シングル 320円

### 海鮮

10人以上の団体客のみ対応するレストラン。5～9月限定の「なぶら定食」はカツオ尽くし。刺身のほか、希少なカツオのへそ(心臓)が付く。竜田揚げや、御前崎名物「ガワ汁」も堪能しよう。

**DATA** ☎0548-63-6789
11:00～15:00※昼食団体の予約営業
火曜休　「なぶら定食」1430円

### 一本釣り日光丸

船元直営、自社の一本釣り船が釣り上げたカツオを、注文後に藁の炎で炙り上げる。香ばしさが増した、藁焼きならではの風味を堪能して。「藁焼きたたき定食(カツオ)」1012円。

**DATA** ☎0548-63-1250
11:00～17:30
火曜休

ファイヤーショーをご覧あれ!!

# ごりやくカフェ

## 法多山の文化財でランチを楽しむ 週に3日だけの贅沢なひととき

法多山境内の由緒ある建造物「一乗庵」。普段は非公開の貴重な空間で、土～月曜と縁日だけのランチを楽しめる。畳の部屋で、日本庭園が望めるように配置されたテーブルに届けられるのは、「ごりやくランチ」(1日限定20食)。地元でとれた旬の食材を使い、添加物を極力控えた優しい味わいに心がほっこりする。法多山の住職が監修した珈琲「JUNO-BLEND」を堪能できる「門前ごりやくカフェ」や、法多山へのお参りをすれば完璧。心身ともに清らかになれる週末を過ごして。

袋井市　map ➡ P93 C-4

☎090-6362-3008
袋井市豊沢2777
法多山尊永寺「一乗庵」
土～月曜と縁日に営業
11:30～と13:00～の2部制
テーブル16席

●Lunch info
「ごりやくカフェランチ」1600円(1日20食限定)のみ、予約がおすすめ

### For Lunch

季節の素材で一品ごと、丁寧に仕上げた料理の内容は週替わりで、メイン・副菜5品・ご飯・汁物・デザートが付く。袋井産コシヒカリを使ったご飯は、自家製フォカッチャへ変更可能。日本庭園の四季が織りなす景色や鳥のさえずりを聞きながら、静謐な時間を過ごせる。

### Drop-off spot

法多山では季節のお団子も楽しみの一つ。かわいいお守りもGet！

---

### Drop-off spot

小國神社へのお参りでご利益万全！

## 小國神社にあるグルメ横丁 ご利益が得られそうな料理をぜひ

遠州の小京都とも称される静岡県周智郡森町。遠州一之宮・小國神社の鳥居の脇に、ショッピングゾーンの「ことまち横丁」と、グルメを楽しめる「KOTOMACHI CAFETERIA」がある。パスタやピザなどの料理や、茶葉を使った和スイーツやドリンクも充実。森町特産のトウモロコシ「甘々娘」を使ったピザの人気が高い。国産イチゴとハートの最中をトッピングした「縁結びの恋パフェ」は、キュートな見た目が女性心をわしづかみに。「ことまちわらび餅」は、お土産にも喜ばれそう。

森町　map ➡ P92 E-5

☎0538-89-7010
(ヤマチョウ本店)
周智郡森町一宮3956-1
9:30～16:30
テラス席50席　無休
※駐車場は小國神社と共通

### For Lunch
## ことまちカフェテリア

「鈴木農園の甘々娘マヨコーン」のピザは、トウモロコシの甘さがやみつきに。「ことまち縁結びの恋パフェ」や「おいりの恋ソフト」など、乙女系スイーツも豊富にそろう。

**DATA** 「鈴木農園の甘々娘マヨコーン」650円、「ことまち縁結びの恋パフェ」700円

### For Sweets
## ことまちわらび餅

静岡抹茶ときなこの2種類あるわらび餅は、とろっとした食感がたまらない。最高級の静岡抹茶を贅沢に使用。きなことともに、甘さは控えめに仕上げている。

**DATA** 「ことまちわらび餅」の箱土産は、中と大サイズ。2種類の味や、抹茶のみ、きなこのみにも対応する。

# ことまち横丁

玄米野菜ランチ 850円

メインのおかずを真ん中に、小鉢・みそ汁・漬物・玄米のセット。ヘルシーながらも食べ応えのあるランチの内容は週替わりで提供する。ほんのり優しい味付けで、噛めば噛むほど素材の滋味を実感できる。

オーガニックランチを味わって、心や体をリフレッシュしよう

カフェ

からだにやさしいごはんとおかし
## 茶一民カフェ
チャーミンカフェ

| LunchTime 11:30～14:00 |

| 豊橋市 | map ➡ P95 B-2 |

☎0532-53-2850
豊橋市花園町52
10：00～18：00
テーブル20席
火・水曜休※臨時休業あり
※5月臨時休業あり
●Lunch info
ランチの価格帯は850円～1400円

アジア各国からセレクトした雑貨や衣類を販売するショップを併設したレトロな雰囲気のオーガニックカフェ。食事は肉や魚を使わず、玄米・雑穀・有機野菜中心の体に優しいものばかり。自家農園で育てた安心安全な食材を料理に生かしている。ランチは人気の「玄米野菜ランチ」のほか、「雑穀ときのこのちまきランチ」（写真右下）や「ひよこ豆のカレー」を用意。デザートは、平飼卵で作るふわふわ食感の「フレンチトースト」（写真下）480円や、優しい風味の「もちあわドーナツ」も好評だ。スパイスチャイやルイボスティーも合わせてオーダーしたい。

### ランチコース 2750円

オードブル・スープ・パン・肉と魚のプレート・ご飯・デザート・アフタードリンク付き。内容は隔月で替わり、1日15食限定。ウエディングで貸し切りの場合があるため、スケジュールを問い合わせのうえ、予約して。

## 絵になる空間で味わう和洋折衷の料理

和洋

ウエディングサロンaedamが運営するレストラン。"200年前の知る人ぞ知る特別な場所"をコンセプトに、アンティーク品を配した上質な空間で料理を楽しめる。昼は厳選素材を巧みに使った「ランチコース」のみ。京都の老舗料亭で10年以上修業したシェフが和洋折衷のフルコースを生み出す。1人5000円から20人以上で貸し切り利用も可。

### restaurant & cafe
# Pinco Picon
ピンコ ピコン

**LunchTime 12:00〜14:00LO**

豊橋市 map ➡ P95 A-2

☎0532-39-9808
豊橋市中郷町125
カフェ11:00〜16:30LO
ディナー18:00〜20:30LO※要予約
テーブル最大70席
水曜休※火曜はカフェのみ営業　P17台
※貸し切り時は25台まで
●Lunch info
ランチの価格帯は2750円
営業日はHPで要確認
ランチは予約がおすすめ

---

## 地元素材の彩り華やか豊橋カレーうどん

蕎麦・うどん

トッピングした野菜の上に、小花を添えたご当地グルメ「豊橋カレーうどん」。「豊橋市はエディブルフラワーの生産量が全国一位であることを、多くの人に知って欲しい」との店主の思いを込めた1杯が完成した。カレーうどんは1日20食限定。北海道幌加内産の蕎麦粉を使った蕎麦と、弾力のあるうどんから選べるランチセットは8種類と充実している。

### 霧下そば
# 十勝庵
とかちあん

**LunchTime 11:00〜14:00LO**

豊橋市 map ➡ P95 C-1

☎0532-63-0820
豊橋市南牛川1-6-1
ディナー17:00〜19:30LO
テーブル23席、座敷28席
月・火曜休
P20台
●Lunch info
ランチの価格帯は800円〜1300円

### 豊橋カレーうどん 1100円

エディブルフラワーを3種類、トマトは豊橋産「あまえぎみ」を使う。野菜・カレールー・うどん・とろろご飯の四重層でお腹いっぱいに。ルーをマイルドにするセットの「うずら卵とクリームチーズのエスプーマ」と合わせて召し上がれ。

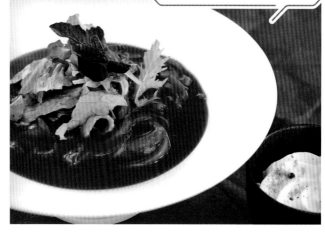

---

### 牛ばーぐステーキ
### 肉厚・濃厚チェダーチーズ
### 1375円

ステーキを味わっているような気分になれる、牛肉100%の牛バーグ。ランチは、サラダ・スープ・ライスまたは石窯パンが付く。ライスは+110円で大盛りに。ハンバーグの種類を選べる「煮込みハンバーグ」もおすすめ。

## 肉・ソース・トッピング選ぶ楽しみ味わう喜び

ハンバーグ

つなぎ不使用の国産牛肉100%の「牛ばーぐステーキ」と、国産の豚と鶏の合いびき肉を使った「とんチキハンバーグ」をそろえるハンバーグ専門店。まずはどちらかのハンバーグを選び、トッピングをチョイス。次にオニオンやデミグラスなど、4種類の自家製ソースから好きな味をオーダーして。好みのハンバーグがテーブルに届く喜びを実感できる。

### ハンバーグ専門店
# オクトパス☆ガーデン

**LunchTime 11:30〜14:00**

豊橋市 map ➡ P95 B-2

☎0532-53-4455
豊橋市新吉町34
ディナー17:30〜21:00
カウンター3席、テーブル22席
月曜休※祝日は営業、翌日休
P7台
●Lunch info
ランチの価格帯は1045円〜2090円

みそ煮込み御膳ランチ 1650円

八丁みそなど3種類を合わせた特製スープに、硬めの麺がマッチ。麦ご飯はお替り自由だ。朴葉にのせたキノコ類を焼きながら味わう「朴葉お寺ランチ」1540円も人気。朴葉焼きは単品や田原牛の追加（写真下）もできる。

待っている間に写経を楽しめる、ユニークなみそと豆富の専門店

### みそと豆富、時々うどん
## お寺
おてら

| LunchTime 11:00～14:00LO |
| --- |

**豊橋市**　map ➡ P95 C-4

☎0532-47-6137
豊橋市浜道町北側27-1
ディナー17：30～22：30LO
テーブル6席、座敷12席
水曜、第3火曜休　P15台
●Lunch info
ランチの価格帯は950円～1800円

寺巡りが好きな店主が、心の安らぎと癒やしを店名に表現。民芸調の店内には写経室を設け、訪れる人へのプラスの楽しみを与えている。10種類のランチの中で人気なのは、贅沢な内容の「みそ煮込み御膳ランチ」。うどん・麦とろご飯・漬物・選べるおかず・サラダ・ゆば刺しが付く。副菜は日替わりで、「うの花稲荷包み・京都半兵衛麸の生麸田楽・飛龍頭のあんかけ」などから一品から選べる。ランチに+280円で、店主が目の前で作ってくれる「寄せ豆腐」もおすすめの一品。訪れた人すべてに「お抹茶」がふるまわれるのも風流だ。

### 山 1738円

「海」は魚料理、「山」は肉料理、「まあるいおさら」はシェフの気まぐれ料理がメインの定食。内容は日替わりで、100分食べ放題のサラダビュッフェが付く。豊橋産「女神のほほえみ」を使ったご飯は、7分づきで精米したものを使う。

## 家族や仲間と楽しむ
## 体に優しい自然派料理

天竜杉を使ったくつろぎの空間。ランチタイムのカウンターには、地元産の旬野菜を中心とした約30種類のベジタブルビュッフェがずらりと並ぶ。平日は「井戸端ランチカフェ」と称し、3種類のメニューからメインを選べ、サラダビュッフェが食べ放題。週末は平日の内容を終日楽しめ、「ごちそう定食」も用意する。どれもご飯とみそ汁が付く。

#### あったかキッチン
# まあるいおさら

**LunchTime 11:00〜14:30LO（平日）**

**豊橋市** map ➡ P95 B-3
☎0532-37-1177
豊橋市山田三番町66
ディナー17:00〜20:30LO
土・日曜、祝日11:00〜20:30LO
テーブル62席、カウンター18席
※平日夜は個室16席　無休　P70台
●Lunch info
ランチの価格帯は1738円〜
サラダバーは平日ランチと週末のみ

## チーズの滝が絶景の
## グリルチーズサンド

スキレットで届く「ダッチベイビーパンケーキ」や「グリルチーズサンドイッチ」が看板メニュー。パンの断面を流れ落ちるチーズが魅力の一皿は、ベーコンや卵、エビなどをサンド。サンドイッチはすべてサラダ・ポテト・デリ・スープが付く。本格エスプレッソからタピオカ、酵素ジュースまでドリンクも豊富。Wi-FiやUSB充電が自由に使えるのもうれしい。

### グリルチーズサンド
### （ローストビーフ）1350円

デリを添えたワンプレートで登場するグリルチーズサンド。アボカドディップのワカモレをサンドしたメニューもある。デザートには、5種類をそろえたダッチベイビーをぜひ。「苺とホイップクリーム」800円が定番人気。

#### Meal Cafe
# Delico Delime
デリコ デリミ

**LunchTime 11:00〜21:00**

**豊橋市** map ➡ P95 C-4
☎080-8478-6251
豊橋市浜道町南側8-3
火〜土曜11:00〜21:00、日曜〜18:00
テーブル27席　月曜、第1・3・5火曜休　P14台
●Lunch info
ランチの価格帯は800円〜1350円
終日共通メニュー

### ひよこ豆セット 1130円

この日のメインは、「里芋の磯辺団子」に黒米ご飯。ほか、「魚のフリッター」や「かき揚げ」などが登場する。デザートも評判で、「本日の豆乳ケーキ」や「ぷりん」など4種類から選べる「まめちゃセット」1650円をぜひ。

## 低カロリーがうれしい
## 安心素材のランチ

バイオ農法を用いた無農薬玄米。豆や海藻に根菜などの食材を無添加調味料で味付けし、自家製みそ汁を提供するなど、低カロリーで好バランスな料理を楽しめる。ランチは3〜4種類から主菜をチョイス。「ひよこ豆セット」を基本に、ドリンクを付けたいなら「うずら豆セット」を、デザート付きなら「まめちゃセット」と、セットで選べる3種類を用意している。

# まめちゃ

**LunchTime 11:00〜14:30（平日）**

**豊橋市** map ➡ P95 D-2
☎0532-66-0031
豊橋市多米中町4-1-1
11:00〜18:00
土・日曜、祝日9:00〜
モーニング9:00〜、ランチ11:30〜
カウンター3席、テーブル37席
月曜、第1・3火曜休※祝日が月曜の場合
は営業、翌火曜休　P15台※車の場合は、
できるだけ乗り合わせを
●Lunch info
ランチの価格帯は1130円〜1650円

特製ハヤシライス 1580円〜

ランチメニューにあったら食べるべき一皿。7〜8種類あるランチは日替わりで、スープ・ミニサラダ・ライス付き。「カニクリームコロッケ&海老フライとミルフィーユチーズひれかつ」（写真下）1850円は一例。平日はドリンクが付く。

3日間かけた特製ハヤシを求め、訪ねる楽しみと食べる喜びを

洋食

洋食厨房
**キッチンDemi**
キッチンデミ

LunchTime 11:30〜14:00LO

豊橋市　map ➡ P95 D-3

☎0532-64-6008
豊橋市飯村北3-3-9
ディナー平日18：00〜20：00LO
土・日曜17：30〜
テーブル18席、座敷14席
月曜休※平日夜の臨時休業あり
P12台
●Lunch info
ランチの価格帯は1600円〜2000円

ご飯に合う料理がテーマの洋食店。定番メニューは少なく、その日の仕入れや季節の素材を生かした料理を提供する。名物「特製ハヤシライス」は、仕込みに3日をかける店主の力作。不定期で登場するものの、10日ほどで売り切れてしまうため、常連でもめったに口にできない幻の一皿だ。販売日は、ホームページで告知する。フライ系で人気なのは「カニクリームコロッケ」。本ズワイガニをベシャメルソースに練りこみ、薄衣で丁寧に揚げる。細部にまで妥協を許さず、洋食の味のベースとなるデミグラスソースは、じっくりと一週間かけて仕上げている。

**マクロビ玄米ランチ 1518円**

整腸に効果的なこんにゃくなど、おかずをちょっとずつ添えたワンプレート。この日のメインは、「ベジ・うなぎ蒲焼き」。解毒をテーマに、精進料理をアレンジしている。ランチに+550円でベジスイーツとオーガニックドリンクがセットに。

## 医食同源の大切さ 手間暇かけたベジ料理

マクロビオティックの豊橋エリアにおけるパイオニア。動物性食品や合成添加物、砂糖不使用の安心・安全に徹底した料理を味わえる。2週間に一度メニューが替わる「マクロビ玄米ランチ」は、ヤマイモ・ゴボウ・豆腐でうなぎの蒲焼風に仕上げるなど、素材使いがとにかく巧み。ビーガン・ベジタリアンだけでなく、アレルギーのある人にもおすすめ。

# VEGECAFE LOTUS
ベジカフェ ロータス

**LunchTime 11:00〜14:00LO**

**豊橋市** map ➡ P95 C-2

☎0532-69-0880
豊橋市西岩田6-16-12
9:00〜19:00
カウンター8席、テーブル34席、
テラス8席　月曜休　P17台
●Lunch info
ランチの価格帯は1000円〜2000円
「マクロビ玄米ランチ」は限定20食

## 四季折々の和食料理を パノラマ眺望とともに

小高い丘の上にたたずむ和食店。全面ガラス張りの店内やテラスからは豊橋東部の景色を望み、清々しい気分で食事を楽しめる。鮮魚や地元野菜など、旬の食材を生かした和食ランチは、懐石メニューが中心。店主の実家が豆腐店とあって、ヘルシーな豆腐料理もおすすめだ。夜は街のイルミネーションを眺めながら、コースや一品料理を堪能したい。

**昼ミニ懐石 2200円**

お造りや小鉢、旬の天ぷらなど、一品ごとに手間がかかった和食がずらり。店主が毎日市場へ出向き、その日に一番おいしく味わえる素材を仕入れて調理するため、内容は訪れてからのお楽しみ。デザートと抹茶が付く。

**四季鮮菜**
## よし味
よしみ

**LunchTime 11:45〜13:30LO**

**豊橋市** map ➡ P95 D-4

☎0532-65-5765
豊橋市大岩町字北山395-1
ディナー17:30〜22:00※予約優先
カウンター7席、テーブル10席、テラス18席、座敷20席
水曜休※臨時休業あり　P10台
●Lunch info
ランチの価格帯は2200円〜5500円

**ピラフ 1078円**

料理は終日共通メニュー。素朴な味のピラフのほか、薄焼き卵を鉄板にひいた「ナポリタン」1078円も人気がある。ランチタイムは、ドリンクとセットで150円引き。+250円でアフターデザートを付けることもできる。

## 衣・食・住を楽しむ 大人のテーマパーク

アメリカンでマニアックな雑貨を販売するショップに併設するカフェ。メニューはナポリタンやピラフなど、昔懐かしい洋食メニューがそろう。ランチタイムは、ドリンクやデザートのお得なセットもあり、スイーツなら多彩なワッフルがおすすめ。ドリンクは、挽きたての豆をハンドドリップで淹れたコーヒーの人気が高く、アフターランチをのんびり過ごしたい。

cafe zakka home
# Hütte
ヒュッテ

**LunchTime 11:00〜14:00**

**豊橋市** map ➡ P95 C-3

☎0532-74-5516
豊橋市東幸町長山71-1
10:00〜18:00
※土・日曜、祝日は9:00〜
カウンター8席、テーブル10席、
テラス8席※テラス席はペット同伴OK
火・水・金曜休　P14台
●Lunch info
食事の価格帯は1078円〜1298円
ランチタイムはドリンクが150円引き、
アフターデザートは+250円

職人が目指すのは三遠一の上質蕎麦。ジビエ料理にも定評あり

うどん文化の強い豊橋では希少な蕎麦専門店。戦国時代に活躍した武将の名を店名にしている。ランチは季節の蕎麦・飯物・天ぷら・漬物が付く「金桜の膳」と、蕎麦・とろろご飯・漬物がセットの「金鳩の膳」の2種類。麺はのど越しと香り立つ風味を計算した自家製粉で、"蕎麦の王道"をモットーとする。ダシは本枯節と日高産昆布から抽出し、蕎麦とのバランスを重視した仕上がりだ。「厚焼き玉子」や「鴨の塩焼き」といった約10種類の一品料理は蕎麦前の楽しみ。先付・猪肉と鹿肉・天ぷら・蕎麦が付く「ジビエコース」があるのも珍しい。

## ざる 900円

写真は二八蕎麦の単品メニューで、十割蕎麦にもできる。とろろ・エビおろし・天ぷら・鴨は、ざる・かけともに対応可能。季節を取り入れた天ぷらは、ランチ「金桜の膳」1500円で蕎麦とのセットになる。

## 三遠そば処
# 雪齋
せっさい

**LunchTime 11:30～14:00**

**豊橋市** map ➡ P95 D-4

☎0532-41-1235
豊橋市大岩町東郷内267
※日曜～15:00
ディナー17:30～20:00
※蕎麦が売り切れ次第終了
テーブル12席、カウンター6席
水曜休　P6台
●Lunch info
ランチの価格帯は1000円～1500円

名物えびちくセット 1070円
ぶっかけ・かけうどんのいずれかに、エビ天・香川産ちくわ天・本日の野菜天の3種類が付くセット。うどんの温度は、「熱・冷・ひやあつ」から選べる。平日の昼限定で、うどんを注文すれば炊き込みご飯がサービス価格になる。

ミシュランガイド選出店で味わう本場香川仕込みの讃岐うどん

讃岐うどん本格手打
## てつ家
てつや

| LunchTime 10:30〜14:00 |

豊橋市　map ➡ P95 B-3
☎0532-69-3131
豊橋市佐藤1-11-1
月〜水はランチのみ、金・土・日曜、祝日はランチ・ディナーともに営業
ディナー17：00〜20：30
テーブル16席、カウンター7席
木曜休　P18台
●Lunch info
ランチの価格帯は1000円〜2000円
平日は「炊き込みご飯」（いりこの佃煮付き）が50円引き

「ミシュランガイド愛知2019・ビブグルマン」に選出されたうどんの名店。豊橋で本格讃岐うどんを味わいたいなら、迷わずここへ立ち寄りたい。「うどんは生き物」と言う店主は、本場・香川県で5年間修業。愛知県産の小麦「きぬあかり」を使い、季節や天候で変わる生地の繊細さと毎日向き合っている。美しい艶と、強いコシのある麺の食感は格別。気持ちを込めて手打ちをし、職人の勘を利かせて絶妙な具合にゆで上げている。ダシには香川県伊吹島の良質ないりこ煮干しを使用。ダシガラの佃煮は、ご飯のお供や酒の肴にも人気が高い。

オリジナル切符はコレクターに大人気!

道の駅 とよはし
記念きっぷ 180円(税込)
愛知県豊橋市
記・とよはし

## 道の駅とよはし みちのえきとよはし

**豊橋市** map ➡ P95 A-4

☎0532-21-3500
豊橋市東七根町字一の沢113-2
あぐりパーク食彩村と花マルシェ(Tomate内)
9:00〜18:00 第1水曜休
Tomate(花マルシェ以外)9:00〜19:00
年中無休、臨時休業あり
トイレとインフォメーションコーナーは24時間利用可能

### 豊橋をはじめ東三河愛にあふれる新たな道の駅

「ひととまちをつなぐ」をモットーに、豊橋の縁側として地域の食と農業の魅力を発信。2019年5月にオープンし、半年で100万人が来場した施設内。2つのゾーンに分かれた施設内。オープン前からある「あぐりパーク食彩村」は、野菜や肉、魚などの生鮮食品にお弁当もそろう食材の宝庫。新ゾーンの「Tomatte(トマッテ)」は、色とりどりの花を販売するマルシェが出迎えてくれる。豊橋産の食材を使ったグルメ5店舗のほか、「temiyo」や「特産品処まるっとみかわ」は手土産におすすめ。お菓子やはちみつ、ジャムに自家焙煎珈琲店など、東三河で人気の生産者から取り寄せた加工品が豊富で、気に入ったら実店舗に訪ねたくなるような、アンテナショップの役割も果たしている。

---

**For Lunch**

#### 手巻きとまぶし いっしょうめし 本店

脂の少ない「豊橋牛」の赤身を使い、肉の旨味を存分に堪能できる牛まぶしが名物。数種の薬味とうずらの卵、とろろで味の変化を楽しめる。しめはダシを注いでさらりと召し上がれ。

**DATA** ☎0532-73-1991
「豊橋牛まぶし」1380円、「豊橋牛まぶしカレー」990円、「豊橋牛まぶし」のテイクアウトは324円

**Shopping**

#### temiyo

来場100万人を記念した豊橋初のクラフトビールが人気。豊橋産の米を使ったビール「女神のほほえみ」と、地元河合果樹園が生産した無農薬レモン使用の「大人の初恋レモン」の2種類をそろえる。

**DATA** ☎0532-21-3500(道の駅とよはし)
写真右「女神のほほえみ」、写真左「大人の初恋レモン」ともに780円

#### 食彩村 花マルシェ

地元農家が栽培した季節ごとの花や観葉植物が並ぶマルシェ。生産量日本一を誇る豊橋の特産である胡蝶蘭は、市場価格よりもお得に購入できる。花束やラッピングのサービスにも対応する。

**DATA** ☎0532-21-3901
ミニバラ418円〜

## 01 ギャラリーやSOHOなど多彩な用途が魅力のカフェ

（上）ヨーグルトとサラダを添えた「トーストセット」500円。トッピングをバター・チーズ・シナモンから選べる（右）アート作品を見られる2Fのギャラリー（左）SOHOとして長時間利用するクリエーターが多い2Fのカフェ空間

🍴食べる

**MEI COFFEE & GALLERY**

メイ コーヒー & ギャラリー

Wi-Fiやコンセント利用も可能なカフェが2019年11月27日にオープン。2Fにはギャラリーを併設し、アート作品のイベントを不定期で開催する。水〜金曜は、市内の「88（パパ）さんど」のサンドイッチを。「コーヒー屋ポンポン」へオーダーした豆でコーヒーを提供し、「まるたや洋菓子店」のケーキをそろえるなど、地元人気店の味わいが楽しみ。BALMUDAのトースターで焼き上げる「トーストセット」も好評だ。

**浜松市中区** map ➡ P90 B-5

☎053-451-1324
浜松市中区田町326-31
8:00〜17:00
カウンター2席、テーブル4席（1F）
カウンター6席、テーブル5席、
ソファ3席（2F）
土・日曜、祝日休
クレジットカード不可

## 02 小さな子どもと一緒でも存分に楽しめるカフェ

（上）「地元野菜のせいろ蒸しランチ」1650円にはドリンクが付く（右下）王道フォルムの「プリン」440円（左下）天井が高く、開放感にあふれた明るいカフェスペース。ベビーカーでの入店も可能

🍴食べる

**irie cafe**

アイリー カフェ

2020年3月12日にSBSマイホームセンター掛川展示場内に、「カラダにやさしい・人にやさしい・地域にやさしい」をコンセプトにしたカフェがオープン。バリアフリー設計の店内には授乳室を完備し、赤ちゃん連れにも対応する。ランチメニューは「地元野菜のせいろ蒸しランチ」と「大豆ミートのからあげとキッシュプレート」の2種類。せいろ蒸しは自家製ディップソースや塩で召し上がれ。

**掛川市** map ➡ P94 D-2

☎0537-29-6620
掛川市成滝600-1
SBSマイホームセンター掛川展示場内
11:00〜17:00
テーブル10席、カウンター4席、個室6席、
ソファー4席
水、隔週火曜休※火曜営業の週は土曜休
P100台（展示場共有駐車場）
※AirPAYの対応可
2階フリースペースの貸し出し可。詳細は要問い合わせ

## *03* 日本料理の技術と御前崎産食材のコラボレーション

### 御前崎レストラン たわら屋
おまえざきれすとらん たわらや

2020年4月1日、御前崎市「道の駅風のマルシェ」のフードエリアに新店登場。ローストビーフやしゃぶしゃぶなど、肉料理の専門店「たわら屋グループ」が魚介系に初挑戦した。名物は10種類以上の魚介と野菜を盛った「天ぷらのせ放題天丼」。御前崎産を中心に、静岡県内の豊かな恵みを使った料理を約12種類そろえる。日本料理の技術を生かした一級品の味を、フードコートで気軽に楽しめるのも魅力的。

**御前崎市** map ➡ P94 B-6

☎0537-85-1660
御前崎市合戸字海岸4384-1
道の駅風のマルシェ内
11:00〜16:00
テーブル40席、カウンター5席
無休
P100台

(上)「天ぷらのせ放題天丼」880円
(右下)カツオ・マグロ・シラスを盛った「御前崎たわら屋特選丼」1380円
(左下)うどんや蕎麦、遠州黒豚や夢咲牛を使った肉料理、御前崎産イチゴを使ったスイーツも用意。休憩がてら、気軽に立ち寄って

## *04* スペシャルディナーはロマンティックにレークサイドで

### 浜名湖レークサイドプラザ内 レストランミコノス

上質な時を過ごせるレストランミコノス。2020年3月に誕生した新メニュー「ミコノススタンダードコース」に注目して。ポーチドエッグをトッピングした三ヶ日牛ハンバーグがメインのフルコース。食事を引き立てるワインをセットに、選べるシャーベットもスペシャルな演出だ。2019年にリニューアルした三ヶ日温泉「万葉の華」のプロジェクションマッピングも、ディナーとともに体験しよう。

**浜松市北区** map ➡ P91 A-3

☎053-524-1311
浜松市北区三ヶ日町下尾奈200
ディナー18:00〜21:00 (20:00LO)
テーブル120席
三ヶ日温泉「万葉の華」
6:00〜10:00、13:00〜24:00
土・日6:00〜11:00、13:00〜24:00
最終入場23:30
日帰り入浴料大人・小人1650円 (バスタオル付) ※未就学児の日帰り入浴は無料
無休
P200台

「ミコノススタンダードコース」
6050円〜。三ヶ日牛100%のハンバーグは、ポーチドエッグの黄身と赤ワインソースを絡めて味わう。月替わりの魚料理・前菜・サラダ・パスタ・パン・ドリンク2杯・選べるアイスシャーベット付き

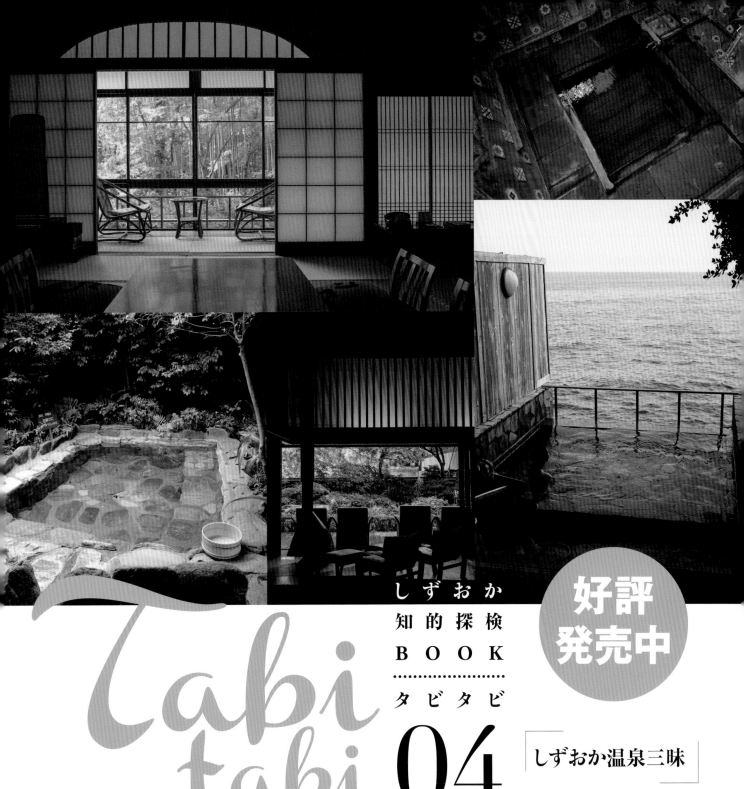

しずおか
知的探検
BOOK
タビタビ

好評
発売中

Tabi tabi 04 「しずおか温泉三昧」

B5判変型／128頁／本体1300円＋税

# 体と心にしみわたる、温泉旅をごゆるりと。

静岡の"旅と文化と暮らし"をテーマにした『しずおか知的探検ブック タビタビ』。04号の特集は「しずおか温泉三昧」です。名だたる文豪に愛された"物語のある名宿"から、最高の贅沢を味わう厳選宿、絶景を楽しめる日帰り温泉まで、県内の魅力ある温泉を紹介。温泉街のディープな横顔を探る、脚本家・高橋美幸の熱海散歩も。

## バックナンバーも好評発売中！

**01号**
今日は、渚へ。

**02号**
静岡ガタン、ゴトン
列車で行こう、どこまでも

**03号**
花と緑の
ボタニカルツアー

静岡新聞社 出版部 〒422-8033 静岡市駿河区登呂3-1-1
TEL.054-284-1666 FAX.054-284-8924
**静岡新聞社の本**
●お求めは、お近くの書店・新聞販売店で。
●http://www.at-s.com/book/からの購入もできます。

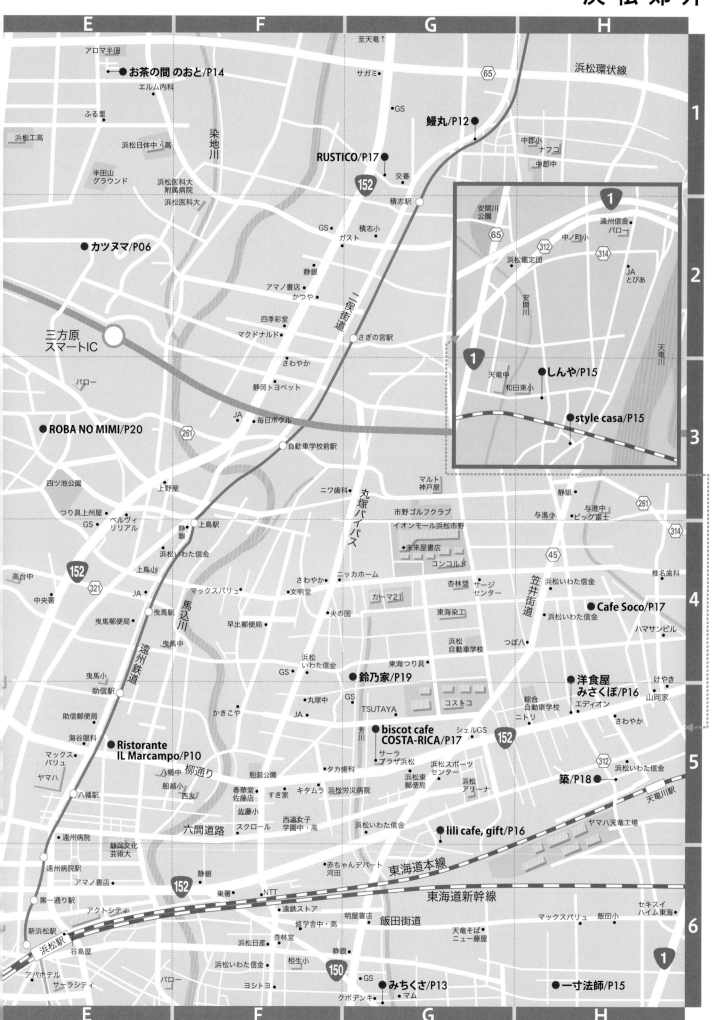

お茶の間 のおと/P14

鰻丸/P12

RUSTICO/P17

カツヌマ/P06

しんや/P15

style casa/P15

ROBA NO MIMI/P20

三方原
スマートIC

Cafe Soco/P17

鈴乃家/P19

洋食屋
みさくぼ/P16

biscot cafe
COSTA-RICA/P17

Ristorante
IL Marcampo/P10

築/P18

lili cafe, gift/P16

みちくさ/P13

一寸法師/P15

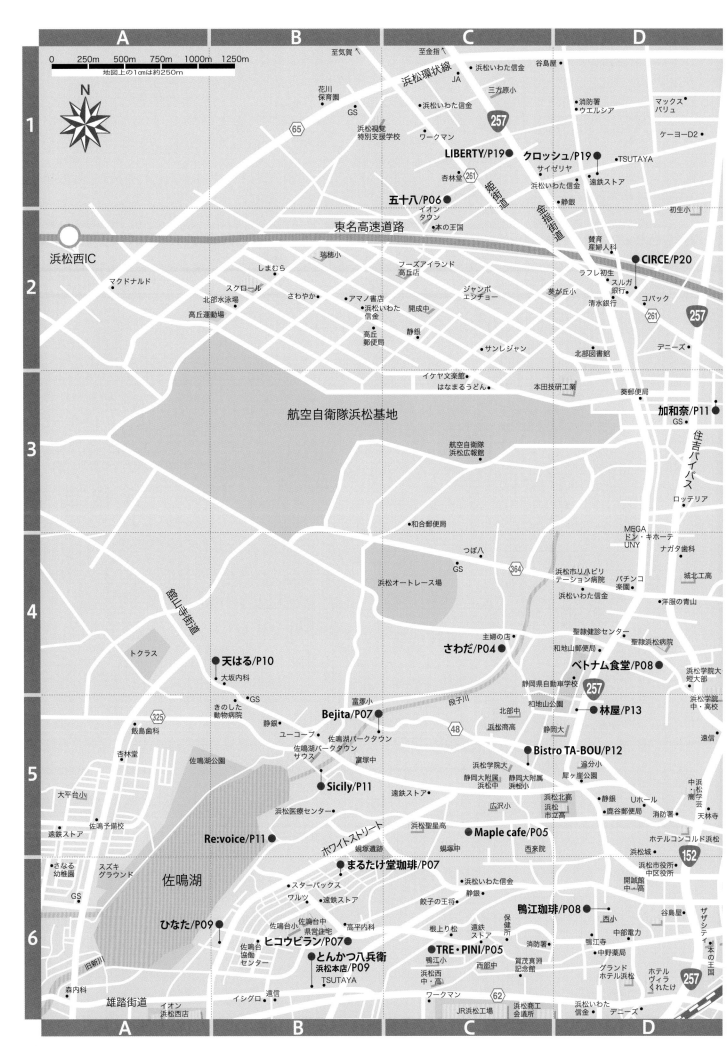

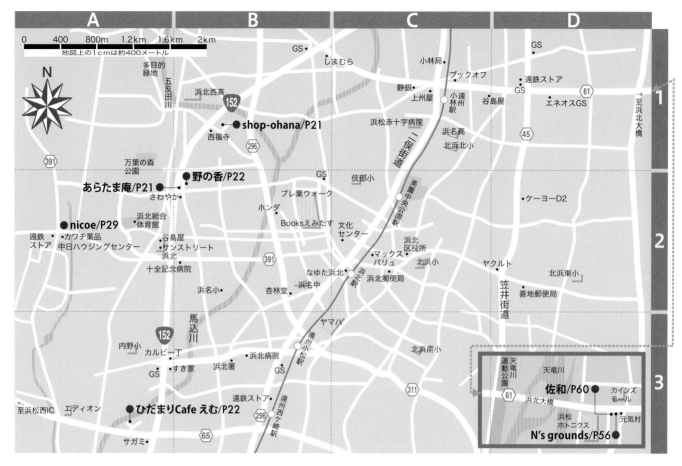

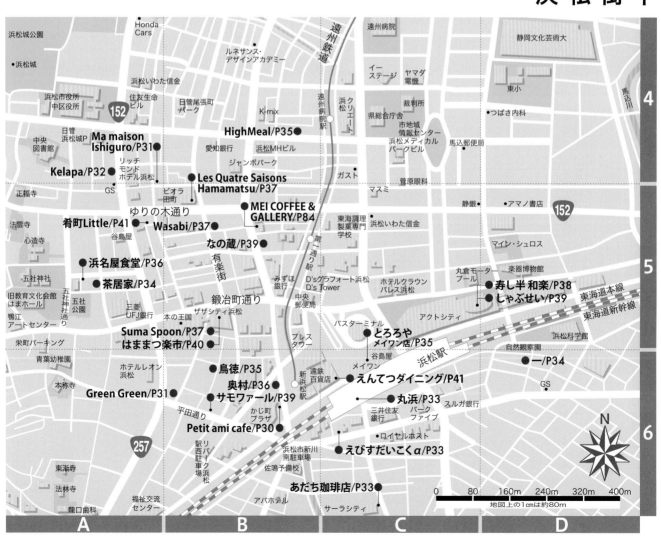

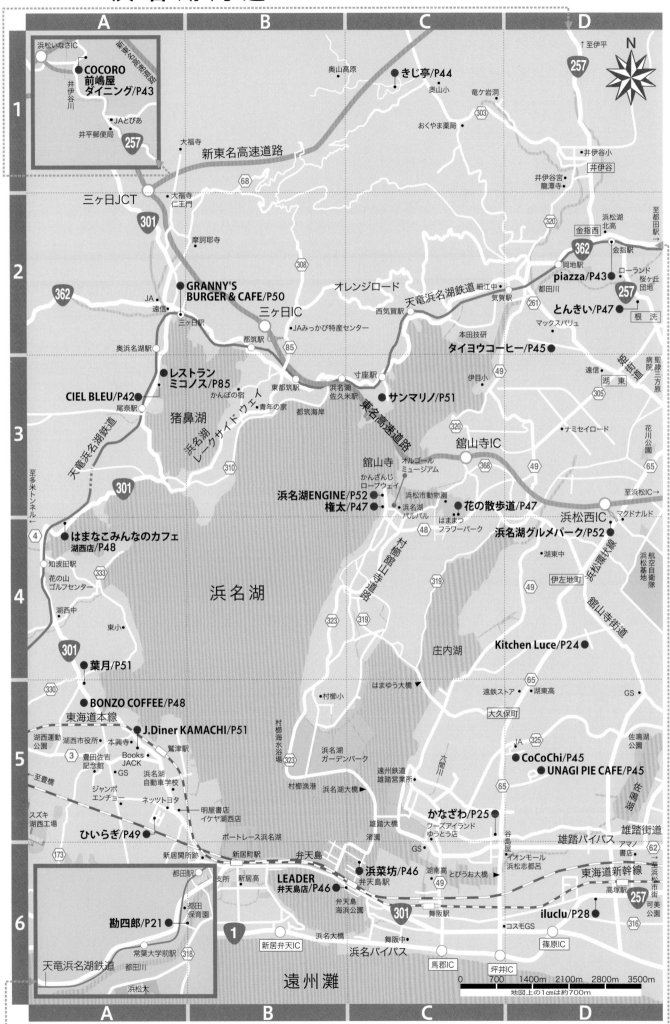

COCORO
前嶋屋
ダイニング/P43

きじ亭/P44

piazza/P43

とんきい/P47

GRANNY'S
BURGER & CAFE/P50

オレンジロード

タイヨウコーヒー/P45

レストラン
ミコノス/P85

CIEL BLEU/P42

サンマリノ/P51

舘山寺IC

浜名湖ENGINE/P52
権太/P47

花の散歩道/P47

はまなこみんなのカフェ
湖西店/P48

浜松西IC

浜名湖グルメパーク/P52

浜名湖

Kitchen Luce/P24

葉月/P51

庄内湖

BONZO COFFEE/P48

J.Diner KAMACHI/P51

CoCoChi/P45

UNAGI PIE CAFE/P45

ひいらぎ/P49

かなざわ/P25

浜菜坊/P46

LEADER
弁天島店/P46

iluclu/P28

勘四郎/P21

遠州灘

0　700　1400m　2100m　2800m　3500m
地図上の1cmは約700m

91

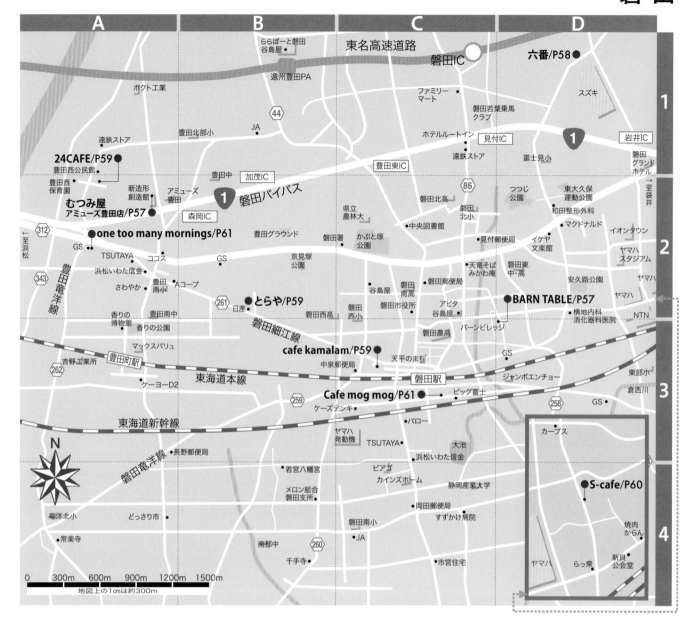

AREA MAP 浜北区・天竜区・森町

AREA MAP 浜松南区

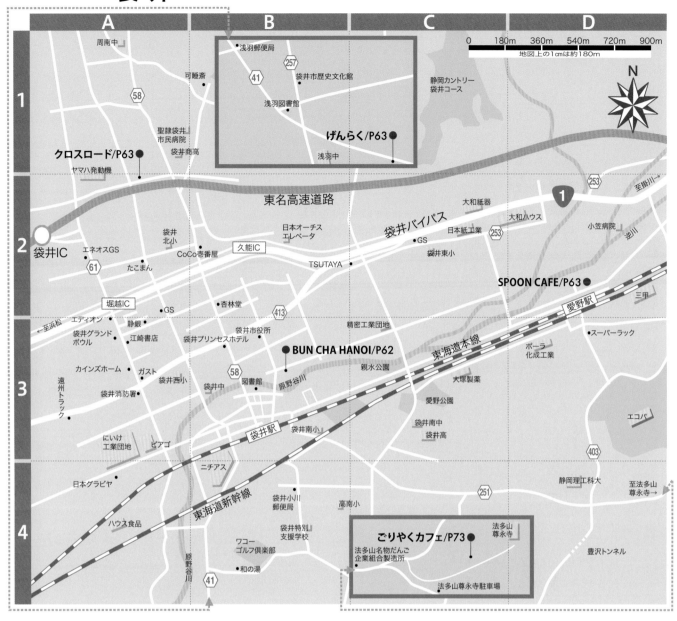

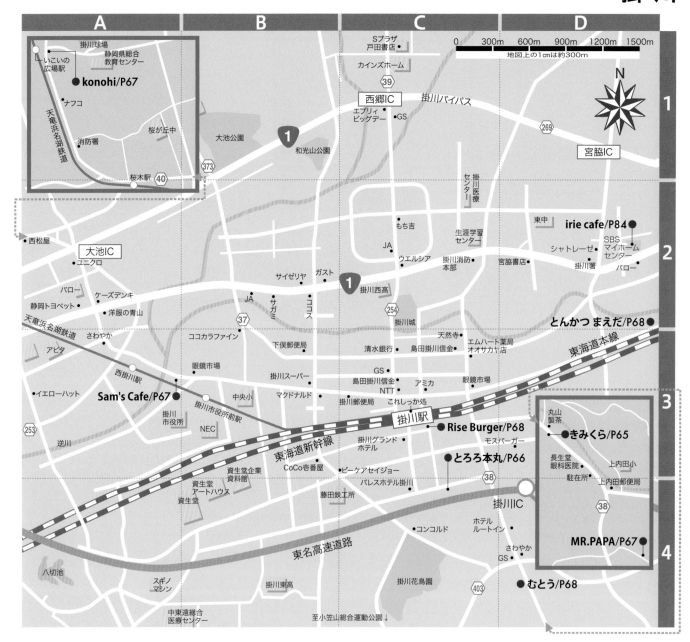

konohi/P67
掛川球場
静岡県総合教育センター
いこいの広場駅
天竜浜名湖鉄道
ナフコ
桜が丘中
消防署
桜木駅
40
大池公園
大池IC
Sプラザ戸田書店
カインズホーム
39
西郷IC
掛川バイパス
エブリィ
ビッグデー
GS
和光山公園
宮脇IC
1
373
269
掛川医療センター
irie cafe/P84
もち吉
東中
生涯学習センター
JA
SBS
マイホームセンター
西松屋
ユニクロ
サイゼリヤ
ガスト
掛川消防本部
シャトレーゼ
宮脇書店
掛川署
バロー
ケーズデンキ
JA
サガミ
1
掛川西高
254
洋服の青山
さわやか
ココス
掛川城
天然寺
エムハート薬局オオサカヤ店
とんかつ まえだ/P68
天竜浜名湖鉄道
ココカラファイン
下俣郵便局
清水銀行
島田掛川信金
眼鏡市場
東海道本線
アピタ
眼鏡市場
西掛川駅
掛川スーパー
GS
Sam's Cafe/P67
マクドナルド
島田掛川信金
NTT
アミカ
これしっか処
イエローハット
中央小
掛川郵便局
掛川駅
Rise Burger/P68
丸山製茶
きみくら/P65
253
掛川市役所
NEC
掛川グランドホテル
モスバーガー
とろろ本丸/P66
長生堂眼科医院
上内田小
逆川
掛川市役所前駅
東海道新幹線
38
駐在所
上内田郵便局
資生堂企業資料館
CoCo壱番屋
ピーケアセイジョー
38
資生堂アートハウス
パレスホテル掛川
資生堂
藤田鉄工所
掛川IC
ホテルルートイン
八切池
東名高速道路
コンコルド
ホテルルートイン
さわやか
GS
MR.PAPA/P67
スギノマシン
掛川東高
掛川花鳥園
403
むとう/P68
中東遠総合医療センター
至小笠山総合運動公園↓

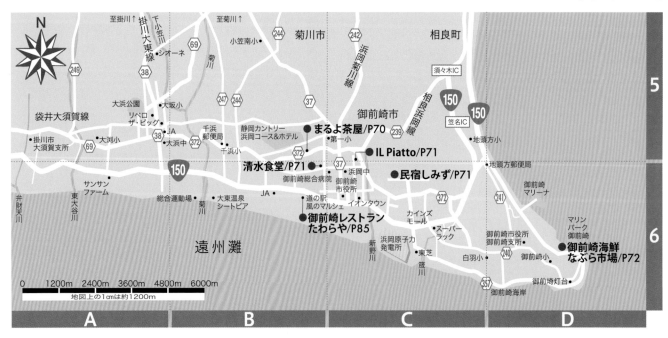

至掛川↑
掛川大東線
下小笠川
小笠南小
244
菊川市
242
相良町
シオーネ
69
38
小笠川
菊川
249
大浜公園
大坂小
247
244
37
須々木IC
菊川
袋井大須賀線
リベロ
ザ・ビッグ
JA
150
笠名IC
150
御前崎市
相良浜岡線
浜岡菊川線
掛川市大須賀支所
69
大渕小
38
千浜郵便局
静岡カントリー浜岡コース&ホテル
まるよ茶屋/P70
239
地頭方小
大浜中
第一小
372
千浜小
IL Piatto/P71
150
清水食堂/P71
37
御前崎総合病院
浜岡中
民宿しみず/P71
地頭方郵便局
サンサンファーム
東大谷川
菊川
総合運動場
大東温泉シートピア
JA
御前崎市役所
道の駅
風のマルシェ
イオンタウン
カインズモール
御前崎マリーナ
井財天川
御前崎レストランたわらや/P85
浜岡原子力発電所
新野川
東芝
スーパーラック
御前崎市役所御前崎支所
マリンパーク御前崎
遠州灘
筬川
白羽小
240
御前崎小
御前崎海鮮なぶら市場/P72
御前崎灯台
357
御前崎海岸

0 1200m 2400m 3600m 4800m 6000m
地図上の1cmは約1200m

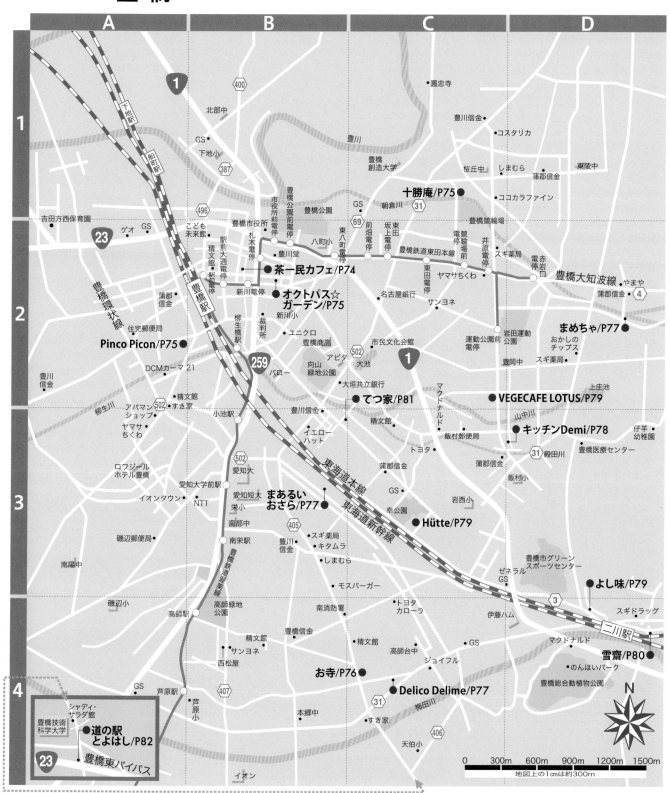

浜松ぐるぐるマップ
HAMAMATSU GURUGURUMAP

96号・保存版「人気のランチ150軒」

取材・編集・制作／Studio Engine Room
Creative Director／鈴木充弘
Design／内野友美子
Chief Editor／忠内理絵

Photo&Writer／足立剛　熊谷雅代
野寄晴義（〆切三昧）
堀内穣　松井トオル

※税表示に関するご注意
本誌に掲載した価格は、2020年3月31日
までの取材における消費税込価格です。

フリーのライターを募集しています。詳細はお問い合わせ下さい。
☎ 053-426-1050　スタジオエンジンルーム　担当：鈴木
e-mail guruguru@ai.tnc.ne.jp

## こんな情報を待ってます！

●あなたのお気に入りの店で、おすすめのメニューや自慢したい逸品
●新店舗オープン、または移転・リニューアルオープンの店
場所と推薦理由も添えてください。また、上記以外でもぐるぐるマップでまだ紹介されていない店の情報など、随時募集していますので、どしどしお寄せください。

※ハガキ、封書またはe-mailでお送りください
※諸般の事情により掲載できないこともありますのでご了承ください

■宛先／〒422-8670 静岡新聞社出版部
「浜松ぐるぐるマップ96号」係
e-mail guruguru@ai.tnc.ne.jp

※お送りいただいた個人情報は、当社出版の企画の参考に利用し、
その目的以外での利用はいたしません。